Lucius Annæus Seneca

Weisheitslehren

Lucius Annæus Seneca

Weisheitslehren

Schriften der Antike
1. Band

Impressum:

© 2019 Jakob Ney (Hrsg. u. Bearb.)

Herstellung und Verlag: BoD – Books on Demand, Norderstedt.

ISBN: 978-3-75042-362-6

Vorrede.

DIE gegenwärtige Übersetzung auserlesener Stellen aus Senecas Schriften ist eigentlich, wie schon der Titel sagt, weder für Gelehrte noch für Studierende, sondern zunächst für gebildete Leser bestimmt, die das Original nicht selbst lesen können. Ich konnte und wollte auch keine wörtliche Übersetzung liefern, sondern die Ideen des Verfassers in die deutsche Sprache übertragen, ohne mich genau an seine Worte zu binden. Denn so vortrefflich und zum Teil erhaben die Lehren und moralischen Grundsätze dieses Weltweisen sind, so äußerst dunkel ist zuweilen seine Schreibart, wie jeder zugestehen wird, der seine Schriften gelesen hat. Manche Stellen sind so dunkel, daß man ihren Sinn bloß aus dem Zusammenhang erraten muß, und wenn man sie wörtlich übersetzen wollte, so würde sie kein Deutscher verstehen. Ich habe mich so deutlich als mir möglich war, auszudrücken gesucht. Wenn aber die Leser dennoch hier und da Dunkelheiten finden sollten, da mögen sie vermuten, daß entweder der Autor seine Ideen nicht gut geordnet, oder daß ich unrichtig übersetzt habe.

So kurz und dunkel sich aber Seneca bisweilen ausdrückt, so redselig und weitschweifig ist er wieder in anderen Stellen; ingleichen ist der Wiederholungen einer und eben derselben Sache eine große Menge in seinen Schriften zu finden. Außerdem beobachtet er auch keine gute Ordnung, und läßt seiner lebhaften Einbildungskraft oft einen allzu freien Lauf. Man wird ihm jedoch diese und andere dergleichen Fehler nicht zu hoch anrechnen, wenn man bedenkt, daß er als Staatsminister des Kaisers Nero, zumal in den ersten Jahren seiner Regierung mit überaus vielen Geschäften überladen war. Er scheint daher seine Gedanken oft hingeschrieben zu haben, wie sie ihm einfielen, ohne sich allemal Zeit und Mühe zu nehmen, das bereits Niedergeschriebene wieder zu überlesen, und zu verbessern. Da auch sein Gemüt bei den Abwechslungen seiner Schicksale nicht immer in gleicher Verfassung war, so sehr er sich auch anstrengte sich immer gleich zu bleiben, so darf man sich nicht wundern, wenn er sich bisweilen widersprach. Indessen wird wohl schwerlich ein Werk aus dem heidnischen Altertum zu finden sein, in welchem mehr erhabene, scharfsinnige und zum Teil erbauliche Gedanken angetroffen werden, als in den Schriften dieses Weltweisen.

Was ich von dem Mangel an guter Ordnung gesagt habe, das gilt vornehmlich von den Abhandlungen, in welchen besondere Materien ausgeführt werden sollen. Ich habe daher, um einen Zusammenhang herauszubringen, bisweilen, jedoch selten meine eigene Gedanken hinzugesetzt, hingegen auch viele ausgehobene Stellen, wo die Bilder und Gleichnisse zu sehr gehäuft sind, abgekürzt. Diejenigen, die das Original selbst zu Rate ziehen, werden ohne Zweifel oft mit mir unzufrieden sein. Aber meine einzige Absicht bei dieser gewiß nicht leichten Arbeit war, gebildeten Lesern eine Schrift in die Hände zu geben, aus welcher sie gesunde Nahrung für Geist und Herz schöpfen könnten, und wenn diese Absicht, wie ich wünsche, bei vielen Lesern erreicht wird, so bin ich für meine Arbeit reichlich belohnt.

Der Übersetzer.

Lucius Annæus Seneca

~

Weisheitslehren

I.
Aus den Briefen.

1.
Wie man Bücher lesen soll.

DEM Lesen vieler Schriften von zu verschiedenem Inhalt ist zu widerraten. Wenige, aber gute Bücher, in welchen man eine gesunde Geistesnahrung findet, sollte man lesen, und ihren Inhalt seinem Gedächtnis einprägen. Wer überall ist, der ist nirgends zu Hause. Diejenigen, die ihr Leben beständig auf Reisen zubringen, haben viele Herbergen, aber keine Freunde. Das Nämliche begegnet denen, die sich mit keinem trefflichen Schriftsteller genau bekannt machen, sondern alles was sie lesen, flüchtig durchlaufen. Eine Speise, die man wieder von sich gibt, so bald man sie genossen hat, nützt nichts, und trägt nichts zur Nahrung des Körpers bei. Wie der Gesundheit nichts nachteiliger ist, als die häufige Abwechslung der Nahrungsmittel; wie eine Wunde, an welcher zu oft kuriert wird, nicht vernarbt, und eine Pflanze, die zu oft versetzt wird, nicht gedeiht: so wird auch der Geist keine gesunde Nahrung finden, wenn man ohne Wahl und Ordnung alles untereinander zu lesen pflegt. Die Menge der Bücher zerstreut das Gemüt. – Man lese daher immer nur bewährte Schriften, und wenn man bisweilen mit anderen abgewechselt hat, so nehme man die vorigen wieder zur Hand, zeichne sich nach dem Lesen eine Stelle aus, und denke weiter darüber nach.

2.
Der erste Schritt zur Besserung.

ICH merke, mein Freund, daß ich nicht nur besser, sondern auch ein ganz anderer Mensch werde; denn ich erkenne meine Fehler, die ich vorher nicht erkannte. Man wünscht manchen Kranken Glück, wenn sie ihre Krankheit fühlen. So verhält es sich auch mit moralisch Kranken. Man kann ihnen Glück wünschen, wenn sie ihre Gebrechen erkennen und fühlen.

3.
Die Genügsamkeit des Weisen.

DER Weise ist zwar mit sich selbst zufrieden; er wird aber doch wünschen, auch einen Freund zu haben, mit welchem er umgehen kann. Wie kann man sich aber Freunde erwerben? Man bedarf hierzu keiner Zaubermittel oder Liebestränke. Das beste Mittel ist: *lieben*. Willst du geliebt sein, so liebe. Nicht nur die Fortsetzung einer alten, bewährten Freundschaft, sondern auch die Anknüpfung einer neuen ist mit vielem Vergnügen verbunden. Nur muß die Freundschaft auf Tugend gegründet, und uneigennützig sein. Wer nur auf seinen eigenen Vorteil bedacht ist, und bloß in dieser Absicht Freunde zu haben wünscht, der verrät eine schlechte Denkungsart. Seine Freundschaft wird auf einmal ein Ende haben, wenn er seinem Freund in der Not beistehen, oder etwas für ihn wagen soll.

Aber so angenehm es dem Weisen ist, tugendhafte Freunde zu haben, so wird er sich doch nicht für elend halten, wenn er ihrer entbehren muß. Ihm wird das Gute genügen, was er in sich selbst findet. Ein weiser Mann, namens Stilpo, hatte bei der Eroberung seiner Vaterstadt Weib und Kinder und sein ganzes Vermögen verloren. Als ihn nun der Eroberer fragte, ob er etwas verloren habe, so antwortete er: „Ich habe noch alle meine Güter: Gerechtigkeit, Mut, Mäßigkeit, Klugheit, selbst die Überzeugung, daß nichts für ein Gut zu achten ist, was mir entrissen werden kann. Dies alles besitze ich noch." – So kann jeder Weise sprechen.

4.
Die Einsamkeit. Was man von Gott bitten soll.

DIE Einsamkeit ist nützlich; aber nur guten Menschen. Als der Weltweise Krates[1] einen jungen Menschen allein spazieren gehen sah, fragte er ihn, was er da allein mache? Er sprach: „Ich rede mit mir selbst." Jener antwortete: „Ich bitte dich, siehe wohl zu, ob du nicht mit einem bösen Menschen redest." Einen Schwermütigen und Furchtsamen pflegen wir zu bewachen, damit er die Einsamkeit nicht mißbrauche. Unverständigen sollte man nie gestatten, einsam zu sein; denn da schmieden sie böse Anschläge; da bereiten sie anderen, oder sich selbst künftige Gefahren; da sinnen sie auf die Befriedigung ihrer bösen Begierden, und begehen Böses.

Bitte Gott vor allen Dingen um ein gutes Herz, um Gesundheit des Geistes, und dann auch des Leibes. Wisse, daß du alsdann von bösen Begierden frei sein wirst, wenn du so weit im Guten gekommen bist, daß du nichts anderes von Gott bittest, als was du öffentlich von ihm

---

[1] Krates von Theben, kynischer Philosoph. * 365 v. Chr - ✷ 285 v. Chr.

bitten könntest. Denn wie groß ist die Torheit der Menschen! Sie blasen ihren Göttern die schändlichsten Wünsche in die Ohren. Wenn jemand hören wollte, was sie sagten, so würden sie schweigen; und was sie Menschen nicht wollen wissen lassen, das erzählen sie ihren Göttern. Überlege daher, ob es nicht eine heilsame Vorschrift sei: *Lebe so mit Menschen, als ob dich Gott sähe; rede so mit Gott, als ob dich Menschen hörten.*

5.
Dem Lasterhaften nützt weder Reichtum noch Armut.

MANCHE Arme glaubten durch Reichtum zufrieden zu werden. Sie erwarben sich Reichtum; aber dadurch haben sie ihrem Elend kein Ende gemacht; sie haben es nur verändert. Darüber wundere ich mich aber nicht. Der Fehler liegt nicht an den Dingen selbst, sondern an der Gemütsbeschaffenheit. Was ihnen die Armut lästig gemacht hatte, das machte ihnen auch den Reichtum lästig. Gleichwie es einerlei ist, ob man einen Kranken in ein hölzernes, oder in ein goldenes Bett legt; (denn wohin man ihn legen mag, nimmt er seine Krankheit mit;) ebenso ist es einerlei, ob man einem kranken Gemüt Reichtum oder Armut gibt. Sein Übel folgt ihm überall nach.

6.
Zweck der wahren Weltweisheit.

DIE wahre Weltweisheit lehrt tun, nicht bloß sprechen. Sie fordert, daß jeder nach ihrer Vorschrift lebe; Taten und Lehren dürfen durchaus nicht im Widerspruch miteinander stehen. Das ist das Wichtigste was die Weisheit bewirken soll; das ist das rechte Kennzeichen des Weisen, daß er sich überall gleich und immer derselbe ist. Wer kann es aber so weit bringen? Wenige; jedoch einige. Es ist schwer; und ich behaupte nicht, daß der Weise stets in dem nämlichen Schritt, aber doch stets auf dem nämlichen Weg zum Guten fortgehe. Gib acht, ob nicht dein Kleid und dein Haus mit deinen Grundsätzen in Widerspruch stehen; ob du nicht gegen dich freigebig, und gegen die Deinigen geizig bist; ob du dir an mäßigen Mahlzeiten genügen läßt, und nicht zu viel auf kostbare Gebäude verschwendest. Schreibe dir einmal für allemal eine Regel vor, nach welcher du leben willst, und nach derselben richte dein ganzes Leben ein. – Was ist Weisheit? Stets das Nämliche wollen, und das Nämliche nicht wollen; ich brauche nicht hinzuzusetzen, daß man nur das, was recht und gut ist, wollen, und nur das Böse nicht wollen soll; denn das versteht sich von selbst.

Nichts als was recht und gut ist, kann stets gefallen. Harmonie muß in unseren Gesinnungen und Handlungen sein. Menschen, die keine festen Grundsätze haben, werden nie einig mit sich selbst. Sie wissen nicht eher was sie wollen, als in dem Augenblick, da sie es wollen; im ganzen genommen haben sie keine Regel ihres Wollens und Nicht-wollens. Täglich ändert sich ihr Urteil, und verwandelt sich in ein entgegengesetztes. Die meisten bringen ihr Leben mit Tändeleien zu.

7.
Unterschied zwischen Freude und Wollust.

LERNE dich freuen. Die Freude ist ernsthaft. Nicht jeder, welcher lacht, freut sich wirklich. Die Dinge, woran sich der große Haufe ergötzt, gewähren ein geringes und oberflächliches Vergnügen, und jeder Freude, welche von außen her zugeführt wird, mangelt der Grund. Die wahre Freude muß ihren Grund in dem Innern des Menschen haben. Bewirb dich um das, was allein dich glückselig machen kann. Tritt alles unter die Füße was von außen glänzt, was dir von einem anderen versprochen wird, und richte dein Augenmerk auf das wahre Gute; freue dich über das Gute was du in dir selbst findest, über deinen besten Teil. Obgleich ohne den Körper nichts getan werden kann, so halte ihn dennoch mehr für eine nötige, als für eine wichtige

Sache. Er reizt zu kurzen Vergnügungen, die man aber bereuen muß, wenn man sie nicht mäßig genossen hat. Sinnliche Wollust ist dem Menschen gefährlich und endigt sich mit Schmerz. Du darfst sie daher nicht für ein großes Gut halten; denn es ist schwer sich in dem Streben nach dem, was man für ein Gut hält, zu mäßigen. Das Streben nach dem wahren Gut gewährt uns dauerhaftes Vergnügen. Es entspringt aus einem guten Gewissen, aus tugendhaften Gesinnungen und Handlungen, aus Geringschätzung zufälliger Dinge, aus einer sanften und gleichförmigen Lebensweise, welche beständig auf einem Weg bleibt. Denn wie können jene unstete, hin und her wankende Menschen, die von einem zum anderen überspringen, und nicht einmal überspringen, sondern durch den Zufall gleichsam wider ihren Willen fortgerissen werden, etwas Gewisses und Bleibendes haben? Es gibt wenige, die mit Überlegung und nach gewissen Absichten zu handeln pflegen. Die übrigen gehen nicht, sondern werden nach Art der Dinge, welche auf Flüssen schwimmen, fortgetrieben. – Wir müssen daher festsetzen, was wir wollen, und dabei müssen wir beharren.

8.

Sei nicht ängstlich wegen der Zukunft besorgt.

ÄNGSTIGE dich nicht wegen künftiger Übel, ehe sie da sind. Warum willst du die gegenwärtige Zeit durch Furcht vor der künftigen verderben? Was du fürchtest, ist entweder von keiner großen Wichtigkeit, oder von keiner langen Dauer. Betrachte die Dinge nach ihrer wahren Beschaffenheit, dann wirst du einsehen, daß in ihnen nichts fürchterlich ist, als die Furcht selbst. Was den Knaben zu begegnen pflegt, das begegnet oft uns großen Knaben. Wenn jene ihre lieben Gespielen maskiert sehen, so erschrecken sie. So geht es auch uns. Wir müssen nicht nur den Menschen, sondern auch den Dingen die Maske abziehen, und ihnen ihre wahre Gestalt geben; dann werden sie uns nicht mehr fürchterlich vorkommen. Das Letzte was uns bevorsteht ist der Tod; und diesen haben wir nicht zu fürchten; er ist jeder anderen Wohltat vorzuziehen.

9.

Der muntere Greis.

ICH bin nunmehr in die Jahre des höheren Alters getreten; aber ob ich gleich die Beschwerden des Alters am Körper fühle, so fühle ich sie doch nicht am Geist. Nur die Fehler und die Werkzeuge der Fehler veralten. Der Geist ist munter, und freut sich, daß er nicht viel mit dem Körper zu schaffen hat; einen großen Teil seiner Last hat er abgelegt; er frohlockt, und macht mir es streitig, daß ich alt sei. Er sagt, dies sei seine Blüte. Wir wollen ihm glauben; er genieße sein Glück. Ich will aber untersuchen, was ich von dieser Gemütsruhe und Gleichmütigkeit der Weisheit, was ich dem Alter zu danken habe. Sorgfältig will ich forschen, was ich nicht tun könne, und was ich nicht tun wolle? Ob ich nicht etwas tun könnte, was ich nicht wollte. Denn wenn ich etwas (Böses) nicht tun kann, so freue ich mich, daß ich es nicht tun kann. Warum wollte man sich darüber beklagen, daß dasjenige, was einmal aufhören muß, schwach geworden ist?

10.

Nur die Tugend gewährt wahre Freude.

LAß erst deine Fehler sterben, ehe du stirbst. Meide jene trüben Vergnügungen, die man teuer büßen muß. Sie schaden nicht nur vor, sondern auch nach dem Genuß. Gleichwie grobe Verbrechen, wenn sie auch nicht entdeckt worden sind, indem sie begangen wurden, Sorge und Unruhe zurücklassen, so folgt auch Reue auf lasterhafte Vergnügungen, wenn man sie genossen hat. Sie haben keinen Wert, sind nicht treu; wenn sie gleich nicht schaden, so fliehen sie doch. Strebe nach einem bleibenden Gut; es gibt aber kein anderes als ein solches, welches

(13)

das Gemüt aus sich selbst erfunden hat. Bloß die Tugend gewährt beständige, sichere Freude. Was ihr widersteht, gleicht Wolken, die unterwärts getrieben werden, und den Tag niemals besiegen.

11.
Notwendigkeit der Selbstprüfung.

ERKENNTNIS der Sünde ist der Anfang des Seelenheils. Denn wer nicht weiß, daß er sündigt, der will sich nicht bessern; du mußt dich betroffen fühlen, ehe du dich besserst. Manche rühmen sich ihrer Laster. Glaubst du aber, daß diejenigen, die ihre Laster für Tugenden halten, an ein Heilmittel denken werden? Strafe dich daher selbst so viel du kannst. Stelle eine strenge Untersuchung mit dir an. Übernimm zuerst die Rolle eines Anklägers, hernach eines Richters, zuletzt eines Fürbitters; bisweilen sei unwillig auf dich selbst.

12.
Man soll den Tod nicht fürchten.

DER Tod, den wir so sehr fürchten, raubt uns das Leben nicht; er unterbricht es nur. Es wird wieder ein Tag kommen, der uns dem Licht darstellt; ein Tag, welchen viele scheuen würden, wenn er nicht die Vergessenen zurückführte. Alles, was zu vergehen scheint, wird nur verändert. Wer wieder zurückkommen wird, kann ruhig ausgehen. Betrachte den Kreislauf der Dinge. Du wirst wahrnehmen, daß in dieser Welt nichts vertilgt wird, sondern wechselweise niedersteigt, und sich wieder in die Höhe erhebt. Der Sommer vergeht; aber das nächste Jahr führt ihn wieder herbei. So ist es auch mit dem Winter. Die Nacht verdeckt die Sonne; aber der Tag vertreibt sie wieder. Nur das Einzige will ich noch hinzusetzen, daß weder Kinder, noch Knaben, noch Wahnsinnige den Tod fürchten, und daß es eine überaus große Schande ist, wenn uns die Vernunft die Furchtlosigkeit nicht gewähren kann, zu welcher die Narrheit führt.

13.
Verächtlichkeit des Lasters.

DAS Laster ist ein niedriges, verächtliches, schändliches, sklavisches, vielen, und zwar den grausamsten Gemütsbewegungen unterworfenes Ding. Von diesen lästigen Herren, die bisweilen wechselweise, bisweilen zugleich gebieten, wird dich die Weisheit befreien, welche allein die wahre Freiheit ist. Zu dieser führt ein einziger, und zwar ein gerader Weg. Weiche nicht davon ab: gehe mit festem Schritt. Wenn du dir alles unterwerfen willst, so unterwirf dich der Vernunft. Du wirst viele regieren, wenn du dich selbst regierst. Von ihr wirst du lernen, was du unternehmen, und wie du es unternehmen sollst, und wirst nicht dem Zufall ausgesetzt sein. – Es ist schändlich, wenn man nicht geht, sondern fortgetrieben wird, und plötzlich, mitten im Wirbelwind der Dinge staunend fragt: „Wie bin ich hierher gekommen?"

14.
Der Nutzen kurzer Sittensprüche.

KURZE Sittensprüche wirken oft mehr als lange Reden. Sie dringen nicht nur leichter in die Seele, sondern werden auch leichter im Gedächtnis behalten. Nicht viele, sondern kräftige Worte sind nützlich. Man muß sie gleich Samenkörnern ausstreuen, die zwar klein sind, aber ihre Kräfte äußern, und hoch emporwachsen, wenn sie einen tüchtigen Boden gefunden haben. – Es verhält sich, sage ich, mit kurzen, guten Lehren ebenso wie mit Samenkörnern. Wenn sie nur das Gemüt ergreift, und in sich aufnimmt, so wirken sie viel, wenn sie auch aus wenigen Worten bestehen. Ein solches Gemüt wird gute Früchte bringen, und mehr geben als es empfangen hat.

15.

Allzugroßes Glück ist der Tugend gefährlich.

GLEICHWIE die Feuerflamme gerade in die Höhe steigt, und weder niedergedrückt werden, noch ruhen kann: so ist auch unsere Seele in beständiger Bewegung, und desto beweglicher und tätiger, je heftiger sie ist. Aber glückselig ist derjenige, der diesen Trieb zur Tätigkeit auf das Bessere gerichtet hat. Er wird sich über die Gewalt des Schicksals erheben. Es ist Merkmal einer großen Seele, wenn sie das Große geringschätzt, und lieber das Mittelmäßige als das zu viele wünscht. Denn jenes ist nützlich, und trägt zur Erhaltung des Lebens bei; aber dieses ist eben deswegen schädlich, weil es überflüssig ist. So schlägt allzureiche Frucht die Saat darnieder; so zerbrechen die Äste des Baums von zu großer Last; so kommt zu große Fruchtbarkeit nicht zur Reife. Das Nämliche begegnet den Seelen. Übermäßiges Glück zerreißt sie, weil sie dasselbe nicht nur zum Schaden anderer, sondern auch zu ihrem eigenen Nachteil mißbrauchen. Welcher Feind hat jemals seinen Feind ärger beschimpft, als manche sich durch ihre wollüstigen Ausschweifungen beschimpfen? Aber dafür werden sie auch gestraft; denn sie strafen sich selbst. Ihre Frechheit geht bis zur Raserei, und plagt sie mit Recht; denn eine Begierde, welche das gehörige Maß überschritten hat, muß notwendig immer unmäßiger werden, und unbefriedigt bleiben. Sie hat keine Grenzen, sondern wird immer heftiger. Menschen, die sich von ihr beherrschen lassen, versinken immer tiefer in wollüstige Ausschweifungen, und wenn sie ihnen zur Gewohnheit worden sind, so können sie ihrer nicht mehr entbehren; und eben deswegen sind sie höchst elend, weil es mit ihnen so weit gekommen ist, daß ihnen dasjenige, was überflüssig war, zum notwendigen Bedürfnis worden ist. Sie sind also Sklaven der Wollust, ohne sie zu genießen; und was das ärgste unter allen Übeln ist, sie lieben ihre Übel. Dann aber ist die Unglückseligkeit vollendet, wenn das Schändliche nicht bloß ergötzt, sondern auch gefällt, und es findet kein Heilmittel mehr statt, wenn aus Lastern Gewohnheiten worden sind.

16.
Ein durchaus rechtschaffener Mann ist eine seltene Erscheinung.

WENN mancher wüßte, was zu einem rechtschaffenen Mann erfordert wird, so würde er sich nicht dafür halten; er würde vielleicht zweifeln, ob er es je werden könne. Ich rede jetzt von einem, der dem Rechtschaffensten am nächsten kommt; denn jener wird vielleicht, wie der Phönix, in 500 Jahren nur einmal geboren. Es ist noch kein Kennzeichen eines rechtschaffenen Mannes, wenn er das Böse haßt; denn das tun auch die Bösen. Er verabscheuet vielleicht diejenigen, die ihre Gewalt mißbrauchen; er würde aber das Nämliche tun, wenn er das Nämliche tun könnte. Manche enthalten sich von gewissen Lastern, weil ihnen die Kräfte mangeln, sie zu begehen. Wenn es in ihrem Vermögen steht, anderen zu schaden, so tun sie ohne Bedenken was ihnen gelüstet. Sie sehen aber nicht ein, daß sie sich selbst unglücklich machen, indem sie andere in das Verderben stürzen; bedenken nicht, wie lästig ihnen die Dinge sein würden, wonach sie trachten, wenn sie auch nicht überflüssig wären.

Bei dem Streben nach äußerlichen Gütern sollten wir daher überlegen, ob sie uns nützlich sein, oder ob sie uns nicht mehr Schaden als Nutzen bringen werden. Manche Dinge sind überflüssig, andere unbedeutend. Aber das überlegen wir nicht; und wir glauben umsonst zu bekommen, was uns teuer zu stehen kommt. Daraus erhellt unser Stumpfsinn, daß wir meinen, nur das werde gekauft, wofür Geld bezahlt wird, und daß wir umsonst zu haben glauben, wofür wir uns selbst hingeben. Was wir nicht würden kaufen wollen, wenn wir unser Haus, oder ein angenehmes, fruchtbares Landgut dafür geben sollten, das suchen wir mit der größten Bereitwilligkeit zu erlangen, mit Sorge, mit

Gefahr, mit Verlust unserer Ehre, unserer Freiheit und unserer Zeit. So halten die meisten Menschen nichts für wohlfeiler als sich selbst.

Wir wollen daher bei allen unseren Unternehmungen und Geschäften eben das tun, was wir zu tun pflegen, wenn wir zum Verkäufer irgendeiner Ware kommen. Wir wollen untersuchen, wie hoch dasjenige, was wir zu erlangen wünschen, geboten werde. Oft ist das der höchste Preis, wofür keiner gegeben wird. Viele Dinge, die wir erworben und erlangt hatten, haben uns um unsere Freiheit gebracht; wir würden unsere eigenen Herren sein, wenn wir jene nicht hätten. Dies überlege wohl, nicht nur bei Vermehrung, sondern auch bei Verlust deines Vermögens. Du wirst dies oder jenes verlieren! Gräme dich nicht; es ist von außen her gekommen. Du wirst ebensogut ohne dasselbe leben können, als du bei dem Besitz desselben gelebt hast. Hast du es lange gehabt, so verlierst du es, nachdem es dich lange gesättigt hat. Hast du es nicht lange gehabt, so verlierst du es, ehe du dich daran gewöhnt hast. Du wirst weniger Geld haben? Aber auch weniger Beschwerlichkeit; weniger Ansehen? Aber auch weniger Neid. Betrachte nur die Dinge, die uns zur Raserei treiben, und die wir mit vielen Tränen verlieren. Du wirst einsehen, daß hierbei nicht der Verlust selbst, sondern unsere Meinung von ihrem Verlust uns lästig ist. Niemand fühlt, daß sie verloren sind; er denkt es nur. Wer sich selbst hat, der hat nichts verloren. Aber wie vielen Menschen gelingt es, sich selbst zu haben?

17.
Ohne Gottes Beistand wird niemand ein rechtschaffener Mann.
Würde eines solchen Mannes.

GOTT ist dir nahe; er ist bei dir, er ist in dir. Es wohnt in uns ein heiliger Geist, ein Beobachter und Aufseher unserer guten und bösen Eigenschaften; wie er von uns behandelt wird, so behandelt er uns. Es gibt keinen rechtschaffenen Mann ohne Gott. Kann sich jemand über das Schicksal erheben, wenn er nicht von ihm unterstützt wird? Er gibt herrliche und erhabene Gedanken. In jedem rechtschaffenen Mann wohnt Gott. – Wenn du einen in Gefahren unerschrockenen, von Begierden unangetasteten, in Widerwärtigkeiten glückseligen, mitten unter Stürmen ruhigen Menschen siehst, wirst du ihm deine Ehrfurcht versagen können? Wirst du nicht sprechen: „Das ist etwas Größeres und Höheres, als daß man glauben könnte, es sei dem Körper, in welchem es sich befindet, ähnlich?" Eine göttliche Kraft ist da hinabgestiegen. Eine himmlische Macht bewegt eine vortreffliche, moralisch gute Seele, welche alles, was wir fürchten und wünschen, verlacht. Ohne Beistand der Gottheit kann eine so große Sache nicht bestehen. Eine solche Seele ist daher größtenteils da, woher sie gekommen ist. Gleichwie die Sonnenstrahlen die Erde zwar berühren, aber da sind, woher sie gesendet werden: so ist auch eine große und heilige Seele, welche dazu herabgesendet worden ist, daß wir göttliche Dinge näher sollen kennenlernen, in uns; aber sie hält sich an ihren Ursprung. Von ihm hängt sie ab; auf ihn verläßt sie sich. – Von welcher Beschaffenheit ist also eine solche Seele? Es ist eine solche, die sich auf kein anderes, als auf das ihr eigene Gut verläßt; und nur sie allein verdient Achtung und Lob; denn was ist törichter als an einem Menschen loben, was ihm nicht eigen ist? Welcher Unsinn ist es, wenn man lobt, was alle Augenblicke einem anderen zuteil werden kann? Goldene Zäume machen ein Pferd nicht besser als es ist. – Niemand soll sich desjenigen rühmen, was ihm nicht eigen ist. Wir loben einen Weinstock, wenn er überaus viele Früchte trägt. Wird ihm wohl jemand einen Weinstock vorziehen, von welchem goldene Trauben, und goldene Blätter herabhängen? Was dem Weinstock seinen eigentlichen Wert gibt, ist seine Fruchtbarkeit. Auch an dem Menschen ist das zu loben, was sein eigenes ist. Er hat eine schöne Familie und ein schönes Haus. Er sät viel; er wuchert viel. Nichts von dem allen ist in ihm selbst; es umgibt ihn. Lobe an ihm, was ihm weder genommen noch gegeben werden kann. Fragst du was das sei? Es ist die Seele, und eine in der Seele vollkommene Vernunft; denn der Mensch ist ein vernünftiges Geschöpf. Sein Gutes ist also vollendet, wenn er das erfüllt hat, wozu er geboren ist. Was fordert aber diese Vernunft von ihm? Eine überaus leichte Sache: seiner Natur gemäß leben. Sie wird aber schwer durch den gemeinschaftlichen Unsinn der Menschen, die den Gesetzen der Vernunft geradezu entgegenhandeln, und einander durch böse Beispiele verschlimmern. Einer stößt den anderen in Fehler. Wie können aber diejenigen wieder zurechtgebracht werden, welche niemand zurückhält, und die das Volk immer weiter fortstößt?

18.
Das Gewissen.

EIN gutes Gewissen scheut sich nicht vor Menschen, (ruft das Volk herbei), ein böses ist auch in der Einsamkeit ängstlich und unruhig. Wenn du recht tust, so mögen es alle Leute wissen; wenn du schlecht handelst, was liegt daran, daß es niemand weiß, da du es weißt? Wehe dir, wenn du diesen Zeugen verachtest!

19.
Verderbe die edle Zeit nicht mit spitzfindigen,
unnützen Untersuchungen.

MAN würde in der Erforschung nützlicher Wahrheiten viel weiter gekommen sein, wenn man sich nicht so oft mit spitzfindigen und verfänglichen Fragen beschäftigt hätte, wodurch der Scharfsinn auf eine ganz unnütze Weise geübt wird. Wir knüpfen Knoten, und geben den Worten einen zweideutigen Sinn, und nun lösen wir sie auf. Haben wir denn so viel Zeit übrig? Wissen wir schon, wie wir leben und sterben sollen? Wir müssen uns mit möglichster Sorgfalt vorsehen lernen, daß uns weder Sachen noch Worte betrügen. Wozu unterscheidest du Ähnlichkeit der Worte, durch welche niemand außer im Disputieren berückt worden ist? Die Dinge betrügen. Diese unterscheide. Wir ergreifen anstatt des Guten das Böse; wir wünschen das Gegenteil von dem, was wir gewünscht haben; unsere Absichten streiten mit unseren Absichten. Wie ähnlich ist die Schmeichelei der Freundschaft! Sie ahmt ihr nicht nur nach, sondern übertrifft sie. Sie wird mit offenen und günstigen Ohren angenommen, dringt in das Innerste des Herzens, und ist eben da angenehm, wo sie verletzt. Belehre mich, wie ich diese Ähnlichkeit unterscheiden kann. Gleichwie oft ein schmeichelnder Feind sich für einen Freund ausgibt, so schleichen sich oft Fehler unter dem Namen der Tugenden bei uns ein. Verwegenheit verbirgt sich unter dem Titel der Tapferkeit. Bescheidenheit wird Trägheit genannt. Der Behutsame wird für furchtsam ausgegeben. In dergleichen Dingen ist Irrtum gefährlich. Diesen drücke gewisse Kennzeichen ein, wodurch man sie unterscheiden kann. Wenn jemand gefragt wird, ob er Hörner habe, so ist er gewiß nicht so töricht, daß er seine Stirn befühlt; oder so dumm und einfältig, daß er nicht wissen sollte, er habe das nicht, was du ihm durch einen spitzfindigen Schluß aufdringen willst.[2] Wer solche verfängliche Fragen nicht zu beantworten weiß, der hat davon keinen Schaden, und wer sie zu beantworten weiß, der hat davon keinen Nutzen. Wenn du ja Zweideutigkeiten der Worte erklären willst, so erkläre uns die Zweideutigkeit des Wortes: *Glückseligkeit*. Belehre uns, daß derjenige nicht glückselig ist, den der große Haufe so nennt, der einen Überfluß an Geld besitzt; sondern derjenige, der sein ganzes Gut in der Seele hat; der Getroste, der erhabenen Sinnes unter die Füße tritt, was andere bewundern; der keinen Menschen sieht, mit welchem er tauschen möchte; der den Menschen nur insofern schätzt, als er ein Mensch ist; dessen Lehrmeisterin die Natur ist, der sein Leben nach ihren Ge-

---

[2] Dies bezieht sich auf einen sogenannten Syllogismus der alten griechischen Sophisten. Man sagte: *Was du nicht verloren hast, das hast du. Hörner hast du nicht verloren; folglich hast du Hörner.* – Es sind ganze Bücher darüber geschrieben worden.

setzen einrichtet, dem keine Gewalt rauben kann, was er für sein wahres Gut erkennt; der das Böse in Gutes verwandelt, der unerschüttert, unerschrocken bleibt, wenn alles auf ihn losstürmt; den das Schicksal, wenn es gleich den schädlichsten Pfeil, den es hatte, mit größter Gewalt auf ihn geschleudert hat, nicht verwundet, sondern nur sticht, und das nur selten. Denn seine übrigen Pfeile, die den großen Haufen der Menschen tief verwunden, springen bei ihm ab, gleich dem Hagel, welcher auf die Dächer fällt, ohne Schaden des Bewohners, ein Geräusch macht, und zerfließt.

20.
Beurteile den Wert des Menschen nicht nach seinem Kleid, oder nach seinem Stand.

GLEICHWIE derjenige töricht handelt, der, wenn er ein Pferd kaufen will, nicht das Pferd selbst, sondern seine Decke und seinen Zaum besieht, so ist derjenige der größte Tor, der den Menschen entweder nach seinem Kleid, oder nach seinem Stand beurteilt. Auch den Sklaven soll man nicht bloß deswegen verachten, weil er ein Sklave ist; er ist vielleicht frei am Geist. Er ist ein Sklave? Wird ihm das schaden? Zeige wer es nicht sei. Einer ist ein Sklave der Wollust; ein anderer des Geizes; ein anderer der Ehrsucht; und alle sind Sklaven der Furcht. Keine Sklaverei ist schändlicher als die freiwillige. Laß dich daher durch hochmütige Menschen nicht abhalten, dich gegen deine Sklaven freundlich und herablassend zu betragen. Sie sollen dich verehren, nicht fürchten. – Gott selbst verlangt von uns weiter nichts als Verehrung, Liebe und Gehorsam. Wollen Menschen mehr verlangen? Liebe kann mit Furcht nicht bestehen.

Von unnützen Fragen.

NIEMAND kann glückselig leben, wenn er bloß auf sich und auf seinen Nutzen bedacht ist. Du mußt für andere leben, wenn du für dich leben willst. Heilig muß uns der Gedanke sein, daß alle Menschen etwas miteinander gemein haben, und daß es ein allgemeines Recht des menschlichen Geschlechts gibt. Dies wird sehr viel dazu beitragen, daß wir auch die Pflichten der engeren Freundschaft sorgfältig beobachten. Denn wer sein Eigentum mit vielen Menschen teilt, der wird mit dem Freund alles gemein haben. Es wäre besser, wenn spitzfindige Philosophen lehrten, was man dem Freund, was man dem Menschen zu leisten verbunden sei, als wie vielerlei Bedeutungen das Wort *Freund*, das Wort *Mensch* habe. Darüber wird nun viel disputiert. Jenem ist Mensch und Freund einerlei; diesem ist der Freund nicht Mensch. Jener will, daß man sich um einen Freund seines Nutzens wegen bewerben soll; dieser sagt, zum Nutzen des Freundes müsse es geschehen. Das ist Silbenstecherei. Ich schäme mich. Wir alten Männer treiben ein Spielwerk mit einer so wichtigen Sache. Maus ist eine Silbe. Aber die Maus nagt an dem Käse; folglich nagt eine Silbe an dem Käse. Gesetzt ich könnte das nicht auflösen, was für eine Gefahr hätte ich davon zu befürchten? Welchen Schaden? Ohne Zweifel ist zu befürchten, ich könnte einmal in einer Mausefalle Silben fangen, oder, wenn ich zu unachtsam wäre, so könnte ein Buch den Käse fressen.

Vielleicht ist folgender Schluß bündiger: Maus ist eine Silbe; eine Silbe nagt aber nicht am Käse, folglich nagt die Maus nicht am Käse. O kindische Possen! Darüber reiben wir uns die Stirn? Darüber erblassen wir, wenn wir nicht gleich antworten können? Willst du wissen, was die Philosophie dem menschlichen Geschlecht verspricht? Guten Rat. Jenen ruft der Tod; diesen drückt Armut; jenen quälen seine eigenen oder fremde Reichtümer; dieser erschrickt vor einem bevorstehenden Unglück. Warum legst du mir jene Spielereien vor? Hier ist nicht Zeit zu scherzen. Zu Elenden bist du herbeigerufen worden. Den Gefangenen, den Kranken, den Armen, den zum Tode Verurteilten beizustehen, hast du verheißen. – Alle, von allen Seiten her, strecken die Hände nach dir aus; auf dich setzen sie ihre Hoffnung. Sie bitten, daß du sie aus so großen Verlegenheiten herausreißt, den Irrenden das helle Licht der Wahrheit zeigst. Lehre demnach, was die Natur unentbehrlich, was sie überflüssig gemacht hat, wie leichte Gesetze sie gegeben, wie angenehm und froh diejenigen ihr Leben hinbringen, die sie befolgen; wie bitter und verwickelt hingegen das Leben derer sei, die der Meinung mehr als der Natur getraut haben. – Warum haltet ihr euer Versprechen nicht? Warum beschäftigt ihr euch mit Kleinigkeiten und unnützen Fragen? Wenn ihr auch noch lange zu leben hättet, so muß man doch mit der Zeit haushälterisch umgehen, damit sie zu notwendigen Beschäftigungen hinreiche. Was ist das für eine Torheit, wenn man bei einer so großen Armut der Zeit überflüssige Dinge lernt?

22.
Moralische Blindheit. Man muß Mittel dagegen gebrauchen.

ICH kenne eine wahnsinnige Person, die das Gesicht verloren hat. Ich erzähle dir eine unglaubliche, aber wahre Sache: Sie weiß nicht, daß sie blind ist. Sie bittet ihren Aufseher von Zeit zu Zeit, er soll woanders hinziehen; denn das Haus sei finster. Was wir an ihr verlachen, das begegnet uns allen. Niemand merkt, daß er geizig, niemand, daß er bösen Lüsten ergeben ist. Die Blinden suchen doch einen Führer; wir gehen ohne Führer in der Irre, und daher sprechen wir: „Ich bin nicht ehrgeizig, aber in der Stadt kann man nicht anders leben. Ich liebe den Luxus nicht; aber die Stadt selbst verlangt großen Aufwand. Es ist nicht meine Schuld, daß ich mich leicht erzürne, daß ich noch keine gewisse Lebensart gewählt habe; die Jugend ist Schuld daran." Warum hintergehen wir uns? Unser Böses kommt nicht von außen her; es ist in uns, in unserem Innersten. Und darum hält es so schwer mit der Wiederherstellung unserer Gesundheit, weil wir nicht wissen, daß wir krank sind. Wenn wir auch angefangen haben, gesund zu werden, wann werden wir so viele Krankheiten, so viele Kränklichkeiten vertreiben? Nun aber verlangen wir nicht einmal den Arzt, der weniger Mühe haben würde, wenn man ihn gleich im Anfang brauchte, wo der Fehler noch neu ist. Zarte und unerfahrene Gemüter würden dem, der ihnen zeigt, was recht ist, folgen. Nur dann hält es schwer einen Menschen zur Natur zurückzuführen, wenn er ihr untreu worden ist. – Ein gutes Gemüt, dieses kostbare Gut kann uns nie durch Zufall zuteil werden. Wir müssen uns Mühe darum geben; und, daß ich die Wahrheit sage, die Mühe ist nicht groß, wenn wir anfangen unseren Geist zu bilden, und wieder zurechtzuweisen, ehe seine Verkehrtheit verhärtet. Aber ich verzweifle nicht einmal an denen, bei welchen sie verhärtet ist. Es gibt nichts, was anhaltende Mühe und beständige Sorgfalt nicht bezwingen könnte. – Wir sollten desto mutiger an unserer Besserung arbeiten, weil der Besitz des dadurch erworbenen Gutes von beständiger Dauer ist. Die Tugend wird nicht verlernt. Sie ist der Natur gemäß; Fehler sind ihre Feinde. Gleichwie aber Tugenden, wenn sie aufgenommen sind, nicht ausgehen, und ihre Bewahrung leicht ist, so ist hingegen der Anfang, sich dieselben eigenzumachen, schwer. Denn ein schwaches und krankes Gemüt scheut, was es noch nicht versucht hat. Daher ist das Gemüt zu zwingen, daß es einen Anfang mache. Hernach ist die Arznei nicht herb; denn indem sie gesund macht, ergötzt sie zugleich.

23.
Bereitwilligkeit zu sterben.

ICH bin bereit zu sterben; das Leben wird mir dadurch angenehm, daß ich mich nicht ängstlich darum bekümmere, wie lange es dauern wird. Ehe ich alt wurde, war ich darauf bedacht wohl zu leben, in meinem Alter bin ich darauf bedacht wohl zu sterben. Wohl sterben ist aber gerne sterben. Suche es dahin zu bringen, daß du nichts gezwungen tust. Was notwendig ist, wird geschehen, und darein müssen wir uns fügen. Der Widerstrebende, nicht der Willige, wird genötigt. Nicht derjenige, der etwas tut, weil es ihm befohlen ist, ist elend, sondern derjenige, der es gezwungen tut. Wir wollen daher darauf bedacht sein, zu wollen, was geschehen muß, und insonderheit ohne Traurigkeit an unser Ende zu denken. Wir müssen uns eher auf den Tod als auf das Leben vorbereiten. Das Leben ist hinlänglich mit dem Nötigen versehen; wir sind nur zu begierig nach Gerätschaften für dasselbe. Es scheint uns etwas zu fehlen, und es wird uns immer etwas zu fehlen scheinen. Weder Jahre noch Tage machen, daß wir genug gelebt haben, sondern das Gemüt. Ich habe genug gelebt; ich erwarte den Tod zufrieden.

24.
Nutzen der Naturbetrachtungen.

DEM Weisen ist das Leben weder zu lieb, noch verhaßt; und er läßt sich das Vergängliche gefallen, ob er gleich weiß, daß es etwas Vortrefflicheres gibt. Ich habe gestern Betrachtungen über die Natur und über den Urheber der Natur angestellt. Du wirst sagen, was für Vergnügen findest du an solchen Beschäftigungen? Dadurch wirst du keine Leidenschaft, keine böse Begierde ausrotten. Allein solche Betrachtungen haben allerdings einen großen Nutzen; sie erheitern das Gemüt; sie erheben uns von der Erde zum Himmel, und flößen uns göttliche Gedanken ein. Willst du mir die Betrachtung der Natur untersagen? Soll ich nicht fragen, wer der Urheber dieser Welt ist? Woher dieses so große Licht (die Sonne) seinen Ursprung hat? Ob es ein Feuer sei, oder etwas, das noch heller ist als Feuer? Ich soll nicht wissen, woher ich gekommen bin? Wohin ich kommen werde? Du verbietest mir mit meinen Gedanken im Himmel zu sein; das heißt, du gebietest mir mit niedergesenktem Haupt einherzugehen? Ich bin zu groß, und zu größeren Dingen geboren, als daß ich ein Sklave meines Körpers sein sollte; den ich für nichts anderes halte, als für ein Band, welches meine Freiheit umschlingt. – In dieser Beschädigungen unterworfenen Behausung wohnt ein freier Geist. Dieses Fleisch soll mich daher nie zur Furcht, nie zu einer des rechtschaffenen Mannes unwürdigen Verstellung verleiten; nie werde ich zur Ehre dieses Körpers lügen. Das Schlechtere muß dem Besseren unterworfen sein.

25.
Auch in einem gebrechlichen Körper kann eine schöne Seele wohnen.

ES hat jemand gesagt: „Die Tugend ist angenehmer, wenn sie aus einem schönen Körper hervorgeht"; allein er scheint mir zu irren. Sie bedarf keiner Verzierung; sie ist selbst ihre eigene große Zierde, und heiligt ihren Körper. Ich habe unseren Freund Claranus, den ich neulich besuchte, einen bejahrten, mit seinem Körper kämpfenden, gebrechlichen Mann betrachtet. Er scheint mir gut gebildet, und ebenso gerade am Körper als am Geist zu sein. Wie aus einer Bauernhütte ein großer Mann hervorgehen kann, so kann auch aus einem häßlichen und unansehnlichen Körper eine schöne und große Seele hervorgehen. – Die Tugend in einem schwächlichen und kränklichen Leib ist ebenso lobenswert, als in einem gesunden und starken. Daher ist deine Tugend nicht lobenswerter, wenn dir das Schicksal einen unverletzten und gesunden, als wenn es dir einen an irgendeinem Teil verstümmelten Körper gegeben hat. Das Gegenteil behaupten, würde heißen, den Herrn nach der Kleidung seiner Sklaven beurteilen. Alle jene Dinge, über welche der Zufall seine Herrschaft ausübt, sind von sklavischer Art, Geld und Leib, und Ehrenstellen: es sind schwache, zerfließende, sterbliche Dinge; ihr Besitz ist ungewiß. Die Werke der Tugend sind frei und unüberwindlich. – Alle rechtschaffene Männer sind von gleicher Würde insofern sie rechtschaffen sind. Sie sind nur verschieden in Ansehung des Alters: der eine ist alt, der andere jung; in

Ansehung des Körpers: der eine ist schön, der andere häßlich; in Ansehung des Schicksals: jener ist reich, dieser arm; jener angenehm, mächtig, Städten und Völkern bekannt; dieser den meisten unbekannt, und unberühmt. Aber insofern sie rechtschaffen sind, insofern sind sie einander gleich.

26.
Wozu man die Einsamkeit benutzen soll.[3]

WENN du dich in die Einsamkeit begeben hast, so rede mit dir selbst. Was sollst du aber mit dir reden? Was die Menschen von anderen, von welchen sie eine ungünstige Meinung haben, am liebsten reden. Sage dir die Wahrheit, wenn sie dir auch unangenehm ist. Bemühe dich deine Fehler auszuforschen. Verweile aber am meisten bei dem, was du als das Schwächste in dir fühlen wirst. Jeder kennt die Fehler seines Körpers. Daher entledigt der eine seinen Magen durch Brechmittel; ein anderer stärkt ihn durch kräftige Speisen; ein anderer reinigt den Körper durch bisweiliges Fasten. Diejenigen, welche oft Schmerzen an den Füßen empfinden, enthalten sich entweder vom Wein, oder vom Bad; auf die übrigen Teile wenden sie nicht so viele Aufmerksamkeit; dem Übel, von welchem sie zum öftern geplagt werden, suchen sie zu begegnen. So sind auch in unserer Seele gleichsam kranke Teile, auf deren Heilung man bedacht sein muß. Was tue ich, wenn ich frei von Geschäften bin? Ich heile mein Geschwür. Wenn ich dir einen geschwollenen Fuß, oder eine braun und blaue Hand, oder die vertrockneten Nerven eines gelähmten Unterschenkels zeigte, so würdest du mir erlauben an einer Stelle zu liegen, und meine Krankheit abzuwarten. Es gibt ein größeres Übel, ein Übel, welches ich dir nicht zeigen kann. In der Brust hat sich ein Übel und ein Geschwür ange-

---

[3] Diesen Brief scheint Seneca nach einer strengen Selbstprüfung, in der schmerzlichsten Betrübnis über begangene Fehler geschrieben zu haben.

setzt. Das fühle ich, und suche es zu kurieren. Darum habe ich mich von Geschäften zurückgezogen. Ich will nicht, daß du mich lobst, will nicht, daß du sagst: „Welch ein großer Mann! Er hat alles geringgeschätzt, die Rasereien des menschlichen Lebens verdammt, und ist geflohen."[4] Ich habe nichts verdammt als mich. Da darfst nicht zu mir kommen, um von mir zu profitieren. Du irrst, wenn du hier einige Hilfe erwartest. Hier wohnt kein Arzt, sondern ein Kranker. Lieber wünsche ich, daß du, nachdem du von mir weggegangen bist, sagtest: „Ich glaubte einen glückseligen und gelehrten Mann an ihm zu finden. Ich habe die Ohren gespitzt. Ich bin getäuscht worden. Ich habe nichts gesehen, nichts gehört, was ich wünschen, und was ich noch einmal sehen und hören möchte." Wenn du so denkst, so redest, so ist etwas gebessert worden. Ich will lieber, daß du meiner Muße verzeihst, als daß du sie beneidest. – O daß es uns doch nicht erst beim Anblick des Todes um ein seliges Leben zu tun sein möchte! Aber auch jetzt wollen wir nicht zaudern. Wir wollen tun, was diejenigen zu tun pflegen, welche zu spät ausgehen, und die Zeit durch Geschwindigkeit zu ersetzen suchen: wir wollen uns anspornen. Dieses Alter ist zu dergleichen Bemühungen das bequemste. Es hat die in der ersten Hitze der Jugend unbändigen Laster geschwächt; es fehlt nicht viel, daß es sie vertilge. „Und wann", wirst du sprechen, „wird dir das nützen, was du am Ausgang (aus der Welt) lernst, oder wozu?" Dazu, daß ich besser aus der Welt gehe.

---

[4] Seneca hatte sich nämlich vom Kaiserhof entfernt, und lebte in der Stille auf seinen Gütern. Hier hatte er Muße, über sein bisheriges Leben nachzudenken. Grobe Verbrechen hatte er sich wohl nicht vorzuwerfen, aber wie schwer mag es an dem äußerst lasterhaften Hof eines Nero auch dem rechtschaffensten Mann geworden sein, seine Tugend rein zu bewahren! Seneca hatte, wie es scheint, ein sehr zartes Gewissen.

27.

Wir müssen stets das höchste Gut vor Augen haben;
und das ist das moralisch Gute.

SO oft du wissen willst, was zu vermeiden, oder zu tun sei, so oft nimm Rücksicht auf das höchste Gut, und auf das, was der Zweck des ganzen Lebens sein soll; denn damit muß alles, was wir tun, übereinstimmen. Nur derjenige, dem schon das Ganze des Lebens vorschwebt, kann das Einzelne gehörig ordnen. Kein Maler, wenn er gleich Farben in Bereitschaft hat, wird ein ähnliches Bild zustande bringen, wenn er nicht schon weiß, was er malen will. Wir sündigen alle, weil wir nur zu überlegen pflegen, was wir in einzelnen Teilen des Lebens, nicht was wir im ganzen Leben tun sollen. Wer einen Pfeil abschießen will, der muß wissen, worauf er zielt, und dann erst den Bogen mit der Hand richten und lenken. Unsere Anschläge irren hin und her, weil sie kein Ziel haben, worauf sie gerichtet sind. Notwendig muß der Zufall viel in unserem Leben vermögen, weil wir leben, wie es der Zufall mit sich bringt. Es begegnet manchen Menschen, daß sie selbst nicht wissen, daß sie manche Dinge wissen. Gleichwie wir oft diejenigen suchen, welche nahe bei uns stehen; so kennen wir gemeiniglich das höchste Gut nicht, ob es gleich vor uns liegt. Man braucht es nicht mit vielen Worten und auf langen Umwegen zu suchen. Man kann es, wenn ich mich so ausdrücken darf, mit dem Finger zeigen. Wozu ist es nötig, dasselbe in kleine Stückchen zu zerteilen? Du darfst ja nur sagen: das sittlich Gute ist das höchste Gut; und worüber du dich noch mehr wundern wirst: das sittlich Gute ist das einzige Gut; alle anderen Dinge sind falsche und unechte Güter. Wenn du davon überzeugt bist, und die Tugend über alles liebst, (denn lieben ist zu wenig,) so wird dir alles angenehm und erfreulich sein, was dir durch dieselbe zuteil wird. Alles was anderen Menschen ein Übel zu sein scheint, wird milde, und muß zum Besten dienen, wenn du über dasselbe erhaben bist. Wir müssen als etwas gewisses und ausgemachtes annehmen, daß nichts als das sittlich

Gute wirklich gut ist; und daß alles Beschwerliche und Lästige gut genannt werden kann, wenn es nur von der Tugend geschmückt wird.

Es scheint manchen, als ob wir (Philosophen) mehr versprächen als was Menschen möglich ist – Aber sie bedenken nicht, daß wir ein Ideal aufstellen, welches man zu erreichen sich bestreben muß. Der Weise besiegt zwar das Schicksal; aber viele unter denen, welche nach Weisheit strebten, sind oft durch die geringsten Drohungen erschreckt worden. Unser (der Stoiker) Fehler besteht darin, daß wir von dem, der im Guten weiterzukommen sucht, fordern, was man von dem Weisen sagt. – Wir müssen notwendig gestehen, daß sich selbst unter den Schülern der Weisheit große Verschiedenheiten finden. Der eine ist so weit gekommen, daß er die Augen gegen das Schicksal emporheben kann; aber nicht beharrlich; er wendet die Augen weg, weil sie von dem allzugroßen Glanz geblendet werden; ein anderer ist so weit gekommen, daß er den Anblick des Schicksals aushalten kann, weil er eine höhere Stufe der Tugend erreicht hat.

Wir wollen anhalten und beharren. Wir haben noch mehr zu tun, als wir getan haben; man ist aber schon um ein gutes Teil weitergekommen, wenn man weiterkommen will. Ich bin mir dessen bewußt: Ich will es, und will es mit ganzer Seele. Wir wollen eilen. Nur dann wird uns das Leben eine Wohltat sein; sonst ist es nur ein Verweilen, und zwar ein schändliches Verweilen bei schändlichen Beschäftigungen. Wir wollen darauf bedacht sein, daß die ganze Zeit die unserige sei; sie wird aber nicht unser sein, wenn wir nicht erst angefangen haben unser zu sein. Wann wird es uns gelingen, Glück und Unglück zu verachten? Wann wird es uns gelingen, alle Gemütsbewegungen zu unterdrücken, sie nach unserer Willkür zu lenken, und auszurufen: „Ich habe gesiegt!" Du fragst, wen ich besiegt habe? Nicht die Perser, noch die äußersten Grenzen der Meder, noch ein anderes weit entlegenes kriegerisches Volk, sondern den Geiz, die Ehrsucht, und die Furcht des Todes, die auch Überwinder der Völker überwunden hat.

28.

Die Glückseligkeit des vollkommenen Weisen, und des Schülers der Weisheit.

DAS Vergnügen derer, die noch nicht weit im Guten gekommen sind, wird oft unterbrochen; aber die Freude des Weisen ist von beständiger Dauer; sie wird durch keine Sache, durch kein Unglück unterbrochen; sie ist stets und überall ruhig. Denn sie hängt nicht von fremden Dingen ab; sie erwartet weder die Gunst des Glücks noch eines Menschen. Ihre Glückseligkeit befindet sich in ihrer eigenen Wohnung; sie würde aus der Seele ausgehen, wenn sie hineinginge – daselbst wird sie geboren. Bisweilen kann etwas von außen her dazwischenkommen, wodurch der Weise an seine Sterblichkeit erinnert wird; das ist aber unbedeutend, und berührt nur die Oberhaut. Ich, will sagen, er wird von einem Unfall angeweht; aber sein größtes Gut steht fest. Einige Beschwerden von außen her sind kleinen Blattern und kleinen Geschwüren ähnlich, die bisweilen an einem starken und festen Körper ausbrechen; bei ihm liegt kein Übel tief. Es verhält sich mit dem Unterschied zwischen einem vollkommen weisen Mann, und zwischen einem anderen, der es erst zu werden sucht, wie mit dem Unterschied zwischen einem Gesunden, und zwischen einem, der von einer schweren und langen Krankheit befreit worden ist, der schon gesund zu sein glaubt, ob er gleich bisweilen leichtere Anfälle bekommt. Wenn dieser nicht aufmerksam ist, so bekommt er bisweilen Rückfälle. Der Weise kann keine Rückfälle bekommen. – Sein Geist ist vollkommen gesund. Ich will sagen, woran man einen Gesunden erkennen kann: Wenn er mit sich selbst zufrieden ist; wenn er Zutrauen zu sich hat; wenn er weiß, daß alle Wünsche der Sterblichen, alle Wohltaten, welche gegeben und gewünscht werden, bei einem glückseligen Leben von keiner Wichtigkeit sind.

29.
Woher kommt es, daß wir nicht so glückselig sind, als wir sein könnten?

Wer glückselig zu werden wünscht, der muß das moralisch Gute für das einzige Gut halten. Denn wenn er etwas anderes dafür hält, so hat er eine schlechte Meinung von der Vorsehung, weil tugendhaften Männern viele Widerwärtigkeiten begegnen, und weil alles, was sie uns gegeben hat, von kurzer Dauer, und unbedeutend ist, wenn man es mit dem Alter dem ganzen Welt vergleicht. – Von dem Irrtum, daß wir auf äußere Güter einen zu hohen Wert legen, rührt es her, daß wir undankbare Ausleger der göttlichen Anstalten sind. Wir beklagen uns, daß uns nicht immer, daß uns wenige, und ungewisse, und vergängliche Güter zuteil werden. Daher kommt es, daß wir weder zu leben noch zu sterben wünschen. Wir hassen das Leben und fürchten den Tod. Wir wanken mit unseren Wünschen hin und her, und kein Glück kann uns sättigen. Die Ursache ist, weil wir noch nicht jenes unermeßliche und unübertreffliche Gut erreicht haben, wobei unser Wille notwendig stehenbleiben muß, weil über das Höchste hinaus kein anderes stattfindet. – Liebe die Vernunft. Die Liebe derselben wird dich gegen die härtesten Zufälle waffnen. Nichts gleicht ihr an Stärke; sie bezwingt den Zufall, den Schmerz, das Unrecht.

30.
Stufen der Tugend.

ES gibt große Verschiedenheiten unter denen, die sich zu bessern gedenken. Sie werden von manchen in drei Klassen eingeteilt. Die der ersten Klasse sind diejenigen, welche zwar die Weisheit noch nicht besitzen, ihr aber schon nahe sind – das sind diejenigen, welche alle Gemütsbewegungen und Laster abgelegt haben; die alles, was zu lernen war, gelernt haben; es fehlt ihnen aber noch die Zuversicht (das feste Zutrauen zu sich selbst.) Sie können ihr Gut noch nicht gehörig benutzen. Doch können sie in die Laster, welchen sie entflohen sind, nicht zurückfallen; sie stehen schon da, wo kein Rückfall stattfindet. Das ist ihnen aber noch nicht klar, und was ich in einem Brief geschrieben habe, sie wissen nicht, daß sie es wissen. Sie genießen ihr Gut, sie verlassen sich aber nicht darauf. – Zur zweiten Klasse gehören diejenigen, welche von den größten Krankheiten der Seele und von Affekten befreit sind. Die sich aber noch nicht in dem gewissen Besitz ihrer Gemütsruhe befinden; denn sie können in Fehler zurückfallen. Zur dritten Gattung gehören diejenigen, die zwar viele und große Fehler, aber nicht alle abgelegt haben. Sie sind dem Geiz entflohen, aber sie sind dem Zorn ergeben; sie werden nicht mehr von unkeuschen Begierden gereiht; aber sie sind noch ehrsüchtig; sie sind nicht begehrlich, sie sind aber noch furchtsam. – Zu welcher Klasse gehören wir?

31.
Warum ist die Tugend für das höchste Gut des Menschen zu halten?
Kennzeichen eines Tugendhaften.

MAN muß lernen, so lange man vieles nicht weiß, und wenn wir dem Sprichwort glauben, so lange man lebt. Man muß so lange lernen, wie man leben soll, so lange man lebt. Auch im Alter muß man lernen. Niemand wird durch Zufall weise. Ich habe in einem der vorhergehenden Briefe gesagt, nur das moralisch Gute sei ein wahres Gut; nun muß ich es auch beweisen. Ich will aber alles kürzlich zusammenfassen. Jedes Ding ist in seiner Art gut, wenn es zu dem, wozu es vorhanden ist, tauglich ist. Den Weinstock empfiehlt die Fruchtbarkeit; der gute Geschmack den Wein, Behendigkeit den Sklaven. Warum haben die Lasttiere einen starken Rücken; weil sie dazu bestimmt sind, Lasten zu tragen. – An einer jeden Sache ist dasjenige das Beste, wozu es da ist, und wonach es beurteilt wird. Was ist das Beste an dem Menschen? Die Vernunft: darin besteht sein Vorzug vor allen Tieren, folglich ist eine vollkommene (ausgebildete) Vernunft das eigentümliche Gut des Menschen. Das übrige hat er mit den Tieren gemein. Er ist stark? Auch die Löwen. Er ist schön? Auch die Pfauen. Er ist schnell? Auch die Pferde; nicht zu gedenken, daß er in allen diesen Eigenschaften von ihnen übertroffen wird. Er kann sich freiwillig bewegen? Auch die wilden Tiere und die Würmer. Er hat eine Stimme? Aber welch eine weit stärkere die Stiere, und welch eine weit angenehmere und beweglichere die Nachtigallen? Was ist das Eigentümliche des Menschen? Die Vernunft. Wenn diese ihre rechte Beschaffenheit hat, und vollkommen ist, so vollendet sie die Glückseligkeit des Menschen. Wenn daher jede Sache, die den Zweck ihrer Natur erreicht hat, zu loben ist, das dem Menschen eigentümliche Gute aber die Vernunft ist, so ist er zu loben, wenn er diese vervollkommnet, und den Zweck seiner Natur erreicht hat. Diese vervollkommnete Vernunft wird Tugend genannt, und ist mit dem moralisch Guten einerlei. Sie allein macht den Menschen des Lebens würdig.

Wenn daher jemand alles hat, er ist gesund, reich, hat viele Ahnen, er ist aber offenbar ein böser Mensch, so wirst du ihn tadeln. Ingleichen, wenn jemand von dem allen nichts hat; er hat kein Geld, er ist nicht von Adel, er kann keine lange Reihe von Ahnen zählen, er ist aber offenbar ein rechtschaffener Mann, so wirst du ihn loben. – Woran kann man aber erkennen, ob jemand tugendhaft ist oder nicht? Der rechtschaffene Mann wird tun, was er für recht und gut erkennt, wenn es auch mühsam ist; er wird es tun, wenn es ihm auch Schaden bringt; er wird es tun, wenn es auch mit Gefahr verbunden ist. Hinwiederum wird er nicht tun, was schändlich ist, wenn es auch Geld einbringt, wenn es auch Vergnügen macht, wenn er mächtig dadurch werden kann. Keine Gewalt wird ihn von der Tugend abschrecken; keine Hoffnung wird ihn zu dem Laster einladen. Mit Tugend ist Glückseligkeit verbunden, die aber in diesem Leben noch unvollkommen ist, weil die Seele von dem Körper beschwert wird. Nach ihrer Befreiung vom

Körper wird sie glückseliger sein, als da sie noch von ihrem Körper umgeben war. Die Dinge, deren wir uns durch den Körper bedienen, sind keine wahren Güter; denn wenn sie es wären, so würden die abgeschiedenen Seelen schlimmer dran sein; es ist aber unglaublich, daß sie, so lange sie eingeschlossen sind, glückseliger sein sollten, als wenn sie frei sind. Der Rechtschaffene wird also alles tun, was er für gut erkennt; wird um der Tugend willen alles wagen, auch sterben für das Vaterland. Das Bewußtsein seiner Rechtschaffenheit wird ihm das edelste Vergnügen gewähren. Immerhin mag man ihm einwenden: „Deine rühmliche Tat wird bald vergessen sein; deine Mitbürger werden dich wenig achten"; er wird dir antworten: „Dies alles geht meine Tat nichts an; ich betrachte mein Werk an sich selbst; ich weiß, daß es gut ist. Wohin mich also die Tugend ruft, dahin komme ich." – Keiner von denen, die sich durch Reichtümer und Ehrenstellen über andere erheben, ist groß. Der Zwerg ist nicht groß, wenn er auch auf einem Berg steht, und der Koloß wird seine Größe behalten, wenn er auch in einem Ziehbrunnen steht.

32.
Wider die Unzufriedenen. Regeln für Kranke.

JEDER ist in dem Maß elend als er es zu sein glaubt. Es gibt Menschen, die nie aufhören zu klagen, die sich bloß an das Unangenehme erinnern, was ihnen begegnet ist, und das genossene Gute darüber vergessen. Welche Torheit! Welche Ungerechtigkeit! Man sollte sich wegen ehedem ausgestandener Schmerzen nicht beklagen, nicht sprechen: „Keinem Menschen ist es schlimmer ergangen als mir. Welche Martern, welche Krankheiten habe ich ausgestanden? Niemand glaubte, daß ich wieder aufkommen würde. Wie oft bin ich von den Meinigen beweint worden? Wie oft haben mich die Ärzte aufgegeben? Leute, die auf der Folter liegen, können nicht arger von Schmerzen gequält werden." – Wenn das auch wahr ist, so ist es doch vorbei. Was hilft es, ehemalige Schmerzen zu erneuern, und elend zu sein, weil man es gewesen ist? Nicht zu gedenken, daß jeder seine Übel durch Einbildungen vergrößert, und sich selbst belügt. Hernach ist es ja angenehm, wenn man Schmerzen überstanden hat. Es ist natürlich, daß man sich über das Ende seiner Leiden freut. Selbst bei dem Kampf mit Widerwärtigkeiten sollte man denken und sprechen: „Vielleicht wird mir dereinst die Erinnerung hieran angenehm sein." Man muß mit ganzer Seele gegen den Schmerz kämpfen. Eine Krankheit ist entweder langwierig, oder von kurzer Dauer. Ist sie langwierig, so kommen Zwischenstunden, wo man Erleichterung verspürt. Eine kurze und gefährliche Krankheit wird entweder bald vorübergehen, oder sie wird den Tod herbeiführen. In beiden Fällen hat der Schmerz ein Ende.

Auch das wird sehr nützlich sein, wenn man sich mit anderen Gedanken beschäftigt. Denke an das Gute, was du in deinem verflossenen Leben genossen, und was du selbst vollbracht hast. Erinnere dich an so manche, die den heftigsten Schmerzen gleichsam Trotz geboten, und sie sogar mit Lachen erduldet haben.

Du sprichst: „Aber wenn ich krank bin, kann ich nicht arbeiten, keine meiner Pflichten erfüllen." Warum nicht? Die Krankheit hindert zwar deinen Körper, tätig zu sein, aber nicht deinen Geist. Sie macht, daß der Läufer seine Füße, der Schuhmacher und Schmied seine Hände nicht brauchen kann. Wenn sich aber dein Geist zu beschäftigen weiß, so kannst du anderen guten Rat erteilen; du kannst belehren, hören, lernen, fragen, dich erinnern. Und glaubst du denn nichts zu tun, wenn du in deiner Krankheit mäßig lebst? Glaube mir, auch auf dem Krankenbett findet Tugend statt. Nicht nur unter den Waffen und auf dem Schlachtfeld, auch in seinen gewöhnlichen Kleidern kann der tapfere Mann Beweise seines Muts und seiner Unerschrockenheit geben. Es fehlt dir nicht an Beschäftigung: kämpfe auf eine anständige Art mit deiner Krankheit.

Es gibt zweierlei Arten der Vergnügungen, und beide kann auch der Kranke noch genießen. Die sinnlichen Vergnügungen hemmen die Krankheit, nehmen sie aber nicht weg. Ein Trunk schmeckt besser, wenn man durstig ist, und die Speise ist angenehmer, wenn man hungrig ist. Aber jene geistigen Vergnügungen, welche viel größer und besser sind, untersagt kein Arzt dem Kranken. Wer diese sucht und zu genießen weiß, der verachtet alle Behaglichkeiten der Sinne.

„Ach, wie unglücklich ist der Kranke!" (ruft man aus.) Warum? Er kann keinen Wein aus vollen Gläsern trinken, keine Austern essen, keine delikaten Speisen genießen. Die kostbaren Gerichte, die auf seiner Tafel stehen, müssen weggetragen werden, weil sie ihn anekeln. Was ist dir denn hierdurch Böses widerfahren? Speise als ein Kranker; vielleicht wirst du wieder als ein Gesunder speisen. Jedoch wir werden dies alles leicht ertragen; wir werden Tränkchen einnehmen, und alles was jenen weichlichen und luxuriösen, mehr am Geist als am Körper kränklichen Menschen unerträglich ist, wenn wir nur vor dem Tod nicht mehr erschrecken. Wir werden aber nicht mehr vor ihm erschrecken, wenn wir die Zwecke des Guten und Bösen kennengelernt und tugendhaft gelebt haben. Dann werden wir weder des Lebens überdrüssig sein, noch den Tod fürchten.

33.
Himmlischer Sinn. Lohn der Tugend.

UNSER Geist wird alsdann erst Ursache haben sich Glück zu wünschen, wenn er aus der Finsternis, in welcher er herumgetrieben wird, entlassen, nicht mit schwachen Augen in das Helle wird gesehen, sondern den vollen Tag erblickt haben, und seinem Himmel wieder gegeben sein wird, woher er entsprungen ist. Nachdem er seine Lehrjahre überstanden hat, wird er hinaufgerufen. Er wird aber schon dort sein, ehe er aus diesem Kerker befreit ist, wenn er den Lastern entsagt, und rein, und mit Leichtigkeit sich mit göttlichen Gedanken beschäftigt. Darauf müssen wir bedacht sein, lieber Freund, das muß unser eifrigstes Bestreben sein, wenn es auch wenige wissen, wenn es auch niemand sieht. Der Ruhm ist der Schatten der Tugend; er begleitet uns, wenn wir auch nicht wollen. Gleichwie aber der Schatten bisweilen vor uns hergeht, bisweilen uns nachfolgt, so geht auch der Ruhm bisweilen vor uns her und läßt sich sehen; bisweilen ist er hinter uns, und ist desto größer, je später er kommt, weil ihn der Neid nicht mehr verfolgt. Wie viele große Männer wurden von ihren Zeitgenossen verkannt, verachtet, sogar als Toren verlacht und verspottet! Wie viele mußten die Opfer ihrer Wahrheitsliebe und ihrer Tugend werden, und unter den empfindlichsten Martern sterben! Erst nach ihrem Tode erkannte man ihren Wert, und ihre Namen werden von der Nachwelt mit Achtung und Ehrfurcht genannt. Keine Tugend bleibt verborgen; und wenn sie verborgen geblieben ist, so schadet es ihr nicht. Es kommt ein Tag, welcher die begrabene und von der Bosheit ihres Zeitalters unterdrückte Tugend bekanntmachen wird. Der glaubt für wenige geboren zu sein, der seine Gedanken auf den großen Haufen seines Zeitalters richtet, und von dessen Beifall abhängt. Es werden viele Jahrtausende, viele Völker noch hinzukommen; auf diese nimm Rücksicht. Wenngleich der Neid allen deinen Zeitgenossen Stillschweigen geboten hat; es werden kommen, die ohne Gunst und Mißgunst urteilen werden. Die Reden der Nachkommen werden zwar nach unserem Tod nicht bis zu uns gelangen: sie werden uns aber ehren, und man wird oft von uns sprechen, wenn wir es gleich nicht empfinden. Es ist keiner, gegen den sich die Tugend in seinem Leben nicht dankbar bewiesen hätte, wenn er ihr nur redlich ergeben war, wenn er sich nicht mit fremden Farben geschmückt hat, wenn er immer derselbe war, er mochte nun nach einer Anmeldung, oder unvorbereitet und unvermutet besucht werden. Die Verstellung nützt nichts. Die Dinge, welche betrügen, haben nichts Festes. Die Lüge ist eine dünne Sache; sie ist durchsichtig, wenn man sie genau betrachtet.

BEFREIE dich vor allen Dingen vor der Furcht des Todes; denn sie macht uns zu Sklaven; hernach von der Furcht vor Armut. Wenn du wissen willst, welch ein geringes Übel sie sei, so vergleiche die Gesichter der Armen und der Reichen miteinander. Der Arme lacht öfter und herzlicher; kein Kummer liegt bei ihm tief; wenn er auch bisweilen eine Sorge hat, so geht sie bald, wie eine leichte Wolke vorüber. Die Heiterkeit der Reichen, die man glücklich nennt, ist erzwungen, und macht ihnen Mühe, weil sie bisweilen ihrer Ehre wegen nicht dürfen merken lassen, daß sie elend sind, sondern unter Sorgen, die am Herzen nagen, sich notwendig glücklich stellen müssen. Ihre Glückseligkeit ist eine maskierte Glückseligkeit. Wenn du ihnen die Maske abgenommen hast, so wirst du sie verachten.

35.

Es ist nicht leicht, die Todesfurcht zu besiegen.

JEDE Sache bekommt Schönheit und Würde, die sie nicht hatte, durch die Tugend. Wir nennen ein Schlafzimmer hell; es ist aber äußerst finster in der Nacht. Der Tag gibt ihm Licht, die Nacht nimmt es ihm. So gibt entweder das Laster oder die Tugend den Dingen, die wir Mitteldinge zu nennen pflegen, dem Reichtum, der Stärke, der Gestalt, den Ehrenstellen, und im Gegenteil dem Tode, der Krankheit, den Schmerzen, und allen übrigen Dingen, die wir mehr oder weniger gefürchtet haben, den Namen des Guten oder des Bösen. – Der Tod ist rühmlich durch das, was rühmlich ist; das heißt durch die Tugend, und durch ein Gemüt, welches die Außendinge verachtet. Es ist aber zwischen den Dingen, die wir Mitteldinge zu nennen pflegen, ein wichtiger Unterschied. Der Tod gehört unter die Dinge, die zwar an sich selbst kein Übel sind, aber Übel zu sein scheinen. Wir lieben uns

selbst; der Wunsch fortzudauern, und uns zu erhalten, ist uns angeboren; wir scheuen die Trennung, weil sie uns viele Güter zu entreißen,
und uns aus dem Vorrat von Dingen, woran wir gewöhnt sind, heraus-
zuführen scheint. Auch das macht uns den Tod zuwider, daß wir das
Gegenwärtige schon kennen, die Beschaffenheit unseres künftigen Zustandes aber uns unbekannt ist, und daß uns vor unbekannten Dingen
graut. Überdies haben wir eine natürliche Furcht vor der Finsternis, in
welche uns der Tod, wie man glaubt, führen wird. Überdies, obgleich
der Tod ein Mittelding ist, so gehört er doch nicht unter die Dinge,
welche zu verachten, etwas Leichtes ist. Das Gemüt muß durch große
Übung abgehärtet werden, wenn es den Anblick und die Annäherung
desselben ertragen soll. Daß der Tod so sehr gefürchtet wird, rührt
unter anderen daher, daß man ihn so oft von der fürchterlichsten Seite
vorgestellt hat, und doch wird sich das menschliche Gemüt nie zur
Tugend erheben, wenn es den Tod für ein Übel hält; es wird sich
erheben, wenn es denselben für ein Mittelding hält. Es ist der Natur
der Dinge zuwider, daß jemand mit getrostem Mut sich demjenigen
nähere, was er für ein Übel halt; er wird langsam und zaudernd
kommen; was man aber ungern tut, das bringt keine Ehre. Die Tugend
tut nichts um deswillen, weil es notwendig ist. Nichts kann für sittlich
gut gehalten werden, wenn man nicht allen möglichen Fleiß daran
gewendet hat, und wenn nicht die ganze Seele dabeigewesen ist. Die
Tugend führt ihre Entschließungen mit einstimmigem Gemüt aus. Sie
fürchtet nicht, was sie tut.

36.
Habe Gott, den Allwissenden, vor Augen.

MAN muß so leben, als ob man von jedermann gesehen würde; so
denken, als ob jemand in das Innerste unseres Herzens sehen
könnte: und es ist einer, der es kann. Denn was nützt es, daß Menschen
etwas verborgen bleibt? Vor Gott ist nichts verschlossen. Er ist unseren

Seelen gegenwärtig und kommt dazwischen, wenn wir mitten im Denken begriffen sind.

37.
Wider die Trunkenheit.

ES ist ein großer Fehler mancher Weltweisen, daß sie die wichtigsten Wahrheiten mit schlechten und verworrenen Gründen zu beweisen suchen. Diesen Fehler hat selbst Zeno[5], der Stifter der stoischen Schule bisweilen begangen. Man darf nur lesen, wie er die Schändlichkeit der Trunkenheit zu beweisen suchte. Anstatt der spitzfindigen Vernunftschlüsse, wodurch er von diesem Laster abschrecken wollte, hätte er seinen Zweck weit leichter und sicherer erreichen können. Wenn du beweisen willst, daß ein rechtschaffener Mann sich nicht betrinken darf, so zeige wie schändlich es ist, wenn man mehr zu sich nimmt, als man vertragen kann; wie so vieles Betrunkene zu tun pflegen, dessen sie sich nüchtern schämen, und daß die Trunkenheit nichts anderes ist, als eine freiwillige Raserei. – Erzähle das Beispiel Alexanders, Königs der Makedonier, (den man den Großen zu nennen pflegt), der den Clitus, seinen liebsten und treusten Minister bei einem Gastmahl erstochen hat, und nachdem er sein Verbrechen eingesehen hatte, sich entleiben wollte. Die Trunkenheit verleitet zu jedem Laster, und deckt jedes Laster auf; sie benimmt die Schamhaftigkeit, welche allen bösen Unternehmungen widersteht. Denn viele Menschen enthalten sich von verbotenen Handlungen mehr aus Scham, als aus gutem Willen. Wenn die allzugroße Gewalt des Weins sich der Seele bemächtigt hat, so kommt alles Böse, was darin verborgen war, zum Vorschein. Die Trunkenheit macht nicht die Laster, zieht sie aber hervor. Dann erlaubt der Unkeusche ohne Bedenken seinen Lüsten so viel als sie verlangen; dann bekennt der Unverschämte seine Krankheit,

---

[5] Zenon von Kition, * 333 v. Chr. - ✱ 262 v. Chr.

und macht sie öffentlich bekannt; dann hat der Leichtfertige weder seine Zunge noch seine Hand in seiner Gewalt. Dem Hochmütigen wächst sein Stolz; dem Unbarmherzigen seine Grausamkeit. Denke dir noch hinzu Bewußtlosigkeit; unvernehmliche halbgebrochene Worte, verdrehte Augen, taumelnden Gang, Kopfschwindel, bewegliche Gebäude, eben als ob das Haus von einem Sturmwind herumgetrieben würde; Schmerzen des Magens, wenn der Wein herausbricht und selbst die Eingeweide ausdehnt. – Bedenke, wieviel Unglück die Trunkenheit angerichtet hat, wenn sie in einem Staat ein herrschendes Laster war. Sie hat die streitbarsten und kriegerischsten Völker den Feinden überliefert; sie hat in einem vieljährigen, hartnäckigem Krieg verteidigte Mauern geöffnet; sie hat die Trotzigsten, die sich nicht wollten unterjochen lassen, unter fremde Botmäßigkeit gebracht. Durch dergleichen Beispiele lehre, warum der Weise sich nicht berauschen soll. Beweise, daß Vergnügungen, wenn sie das Maß überschreiten, Strafen sind.

38.
Man darf den freien Künsten weder einen zu großen noch zu geringen Wert beilegen.

DU verlangst zu wissen, was ich von den freien Künsten halte. Ich lege keiner einen hohen Wert bei, die bloß Geld einbringt. Sie sind nur insofern nützlich, als sie zu einer guten Denkungsart vorbereiten, nicht wenn man sich bloß damit begnügen läßt. Denn man muß sich nur so lange mit ihnen beschäftigen, als die Seele nichts Wichtigeres tun kann. Sie sind unsere Anfangsgründe, nicht unsere Werke. Sie werden freie Künste genannt, weil sie eines freien Menschen würdig sind; aber nur das Studium der Weisheit kann ein wahrhaft freies genannt werden; denn es macht wirklich frei. Man hat die Frage aufgeworfen, ob die freien Künste jemand zu einem rechtschaffenen Mann machen? Sie versprechen das nicht einmal; auch streben sie nicht nach der Kenntnis der Wahrheiten, die zu einem tugendhaften Leben Anleitung geben. Der Grammatiker beschäftigt sich mit den Sprachen, und wenn er weitergehen will, mit der Geschichte, und wenn er noch weitergehen will, mit der Dichtkunst. Was von dem allen bahnt den Weg zur Tugend? – Was von dem allen befreit uns von der Furcht, von böser Lust, von Unkeuschheit? Das Nämliche gilt von der Geometrie und von der Tonkunst. Man wird nichts bei ihnen finden, was von Furcht und bösen Begierden befreit; wer aber nicht weiß, wie er sich davon befreien kann, dem nützt alles andere Wissen nichts. Es ist die Frage, ob die Kenner dieser Wissenschaften Tugend lehren oder nicht? Wenn sie dieselbe lehren, so sind sie Philosophen. – Das Schlimmste ist, daß sie sich zu viel mit unnützen Kleinigkeiten beschäftigen. Sie untersuchen z. B. ob Homer ein Philosoph gewesen, und welcher Schule er zugetan gewesen sei. Wir wollen ihnen zugeben, daß er ein Philosoph gewesen. Wenn das ist, so ist er weise geworden, ehe er Gedichte verfertigen konnte; wir wollen daher lernen, was ihn zum Weisen gemacht hat. Ob Homer oder Hesiod älter gewesen sei, geht mich ebensowenig an, als zu wissen, ob Hekabe kleiner gewesen sei als Helena. Ist es der Mühe wert zu untersuchen, wie alt Patroclus und Achilles geworden seien? Willst du lieber untersuchen, in welchen Ländern Odysseus herumgeirrt habe, als bewirken, daß wir nicht immer irren? Ich mag nicht hören, ob er zwischen Italien und Sizilien, oder in einem uns unbekannten Weltteil von Stürmen herumgetrieben worden sei. Stürme der Seele werfen uns täglich hin und her, und das Laster stößt uns in alle Unglücksfälle des Odysseus. Nie fehlt es an einer Gestalt, welche die Augen reizt, nie an einem Feind. Hier sind wilde Ungeheuer, die nach Menschenblut dürsten, dort hinterlistige Schmeichler. Lehre mich, wie ich das Vaterland, die Gattin, den Vater lieben soll. Warum untersuchst du, ob Penelope unzüchtig gewesen, und ob sie ihr Zeitalter getäuscht oder ob sie vermutet habe, daß Odysseus derjenige sei, den sie vor sich sah, ehe sie es wußte? Lehre mich, was Keuschheit ist, wieviel Gutes damit verbunden, ob sie ihren Sitz im Leib oder in der Seele habe.

Ich gehe zur Tonkunst über. Du lehrst mich, wie hohe und tiefe Stimmen übereinstimmen, wie Saiten, die einen ungleichen Ton geben, harmonieren. Lehre mich lieber, wie ich es anfangen soll, daß mein Gemüt mit sich selbst einig werde, und meine Absichten nicht miteinander in Widerspruch stehen.

Gewähren uns denn aber die freien Künste gar keinen Nutzen? Zu anderen Dingen sind sie sehr nützlich, aber zur Beförderung der Tugend tragen sie nichts bei. Denn auch die gemeinen Handwerker tragen viel zur Bequemlichkeit des menschlichen Lebens bei; aber mit der Tugend haben sie nichts zu tun. Warum lassen wir denn also unsere Söhne in den freien Künsten unterrichten? Nicht weil sie die Tugend geben können, sondern weil sie das Gemüt zur Annehmung der Tugend vorbereiten. Gleichwie der Elementarunterricht, den wir den Knaben erteilen, die freien Künste nicht selbst lehrt, sondern nur dazu vorbereitet, so flößen die freien Künste nicht die Tugend ein, sie machen aber geschickt dazu. – Durch eine einzige Sache wird der Geist vervollkommnet, durch die unveränderliche Wissenschaft des Guten und Bösen, welche bloß der Weisheitslehre zukommt. Sie hat es mit allen Tugenden zu tun: die Tapferkeit schätzt alles gering, was man zu fürchten pflegt; sie verachtet, sie zerbricht alles schreckliche, was unsere Freiheit unterjochen will; aber erhält sie ihre Stärke von den freien Künsten? Treue und Glauben ist das heiligste Gut des menschlichen Herzens; diese Tugend läßt sich auf keine Weise bewegen, zu hintergehen, sich durch keine Belohnung bestechen. – Sie spricht: „Brenne, töte; ich werde nicht verraten, sondern je mehr der Schmerz zur Offenbarung des Geheimnisses nötigen will, desto tiefer werde ich es verbergen." Können auch die freien Künste einen solchen Mut einflößen? Die Mäßigkeit gebietet den Vergnügungen, sie haßt einige, und weist sie von sich, andere mäßigt sie, und genießt sie nicht um ihrer selbst willen. Sie weiß, daß das beste Maß des Begehrten ist, nicht zu nehmen, wieviel man will, sondern so viel man soll. Die Humanität verbietet stolz, geizig zu sein; sie ist in Worten, in Taten und Neigungen freundlich und gütig gegen jedermann – gebieten auch die freien Künste solche Sitten? Ebensowenig als Aufrichtigkeit, als Bescheidenheit und Mäßigung, als Mäßigkeit und Sparsamkeit, als Milde, welche fremdes Blut wie ihr eigenes schont, und weiß, daß der Mensch mit dem Menschen nicht verschwenderisch umgehen darf.

„Aber ihr sprecht doch", wird man einwenden, „die Erlernung freier Künste sei Vorbereitung zur Tugend; wie könnt ihr denn leugnen, daß sie zur Tugend etwas beitragen?" – Weil man auch ohne Speise nicht tugendhaft werden kann, obgleich die Speise mit der Tugend nichts zu tun hat. Holz bringt dem Schiff keinen Nutzen, obgleich kein Schiff ohne Holz gebaut werden kann. Ich will sagen, man darf dasjenige, ohne welches etwas nicht werden kann, nicht für einen Beistand desselben halten. Die Philosophie ist eine vielumfassende Wissenschaft; man muß daher viele Zeit auf das Studium derselben wenden, und darf sich nicht mit Kleinigkeiten und überflüssigen Dingen beschäftigen.

„Aber die Kenntnis vieler Künste gewährt doch Vergnügen!" – Gut; so wollen wir so viel davon behalten, als nötig ist. Mehr wissen wollen, als hinreichend ist, ist eine Art von Unmäßigkeit. – Der Grammatiker Didymus hat 4.000 Bücher geschrieben. Er wäre zu bedauern gewesen, wenn er so viele überflüssige Sachen gelesen hätte. In diesen Büchern handelt er von dem Vaterland Homers; in diesen untersucht er, welche Frau die Mutter des Æneas gewesen; ob Anakreon[6] mehr der Unkeuschheit oder der Trunkenheit ergeben, ob Sappho[7] eine öffentliche Hure gewesen sei, und noch andere Dinge, die man vergessen sollte,

---

[6] Anakreon, * um 575 v. Chr. - ✶ 495 v. Chr., antiker griechischer Lyriker.
[7] Sappho, * um 630 v. Chr. - ✶ 570 v. Chr., antike griechische Dichterin.

wenn man sie wüßte. Nun leugne man noch, daß der Mensch ein langes Leben habe.

Auch Philosophen beschäftigen sich oft mit unnützen Untersuchungen. Es wird vieler Aufwand von Zeit erfordert, bis man den Lobspruch verdient: „Welch ein gelehrter Mann!" Wir wollen mit dem bäurischeren Lobspruch zufrieden sein: „Welch ein rechtschaffener Mann!"

Zu viele Subtilitäten schaden, und sind der Wahrheit nachteilig. Einige Philosophen behaupten, alles sei ungewiß; andere, unter allen den Dingen, welche wir sehen, sei überhaupt nichts wirklich vorhanden; andere, wir wüßten nicht einmal, ob wir etwas wissen oder nicht. Jene tragen kein Licht vor mir her, wodurch ich in den Stand gesetzt werde, die Wahrheit zu sehen, diese stechen mir die Augen aus. – Ich weiß nicht, ob ich mehr auf diejenigen zürnen soll, welche behaupten, wir wüßten nichts, oder auf die, welche sagen, wir wüßten nicht einmal, daß wir nichts wissen.

39.
Man soll sich dem Schicksal ruhig unterwerfen. Es kommt nicht darauf an, wie lange, sondern wie tugendhaft man gelebt hat.

WIR beklagen uns immer über das Schicksal. Warum, fragen wir, ist jener in seinen besten Jahren gestorben? Warum wird dieser so alt? Aber was hältst du für billiger? Daß du der Natur, oder daß die Natur dir gehorche? Was liegt daran, wie bald du stirbst, da du doch einmal sterben mußt? Wir müssen nicht darauf bedacht sein, daß wir lange, sondern daß wir tugendhaft leben. Das Leben ist lang, wenn es tugendhaft ist. Was helfen jenem 80 Jahre, wenn er sie in Trägheit zugebracht hat? Er hat nicht gelebt, sondern er hat sich in dem Leben aufgehalten; er ist nicht spät, sondern lange gestorben. Er hat 80 Jahre gelebt. Es ist aber die Frage, von welchem Tag an du seinen Tod rechnest. Jener ist in seinen schönsten Jugendjahren gestorben; er hat aber die Pflichten eines guten Bürgers, eines rechtschaffenen Freundes, eines rechtschaffenen Sohnes erfüllt. Obgleich sein Alter unvollkommen ist, so ist doch sein Leben vollkommen. Ein anderer hat 80 Jahre gelebt. Ja, er hat 80 Jahre lang existiert; man müßte denn sagen, er habe ebenso gelebt, wie wir von den Bäumen und Pflanzen sagen, daß sie leben. – Wir wollen das Leben nach unserer Tätigkeit messen, nicht nach der Zeit. Willst du wissen, was für ein Unterschied sei zwischen dem wackeren Mann, der das Schicksal verachtet, allen seinen Pflichten so viel möglich Genüge zu leisten gesucht, und sich zum höchsten Gut des Lebens erhoben hat, und zwischen dem, der viele Jahre zählt, ohne sie nützlich zugebracht zu haben? Jener lebt auch nach dem Tod in dem Andenken der Menschen; dieser ist vor seinem Tod gestorben. Wir wollen daher den loben, und zu der Zahl der Glückseligen rechnen, der seine auch noch so kurze Lebenszeit wohl angewendet hat. Denn er hat das wahre Licht gesehen; er ist nicht von gemeinem Schlag. Er lebt, und hat gelebt, und ist kraftvoll gewesen. Warum fragst du, wie lange er gelebt habe? Er hat gelebt bis auf die Nachkommen; denn er hat sich durch sein Leben ihres Andenkens würdig gemacht.

40.
Ob die Lehre von einzelnen Pflichten nützlich sei oder nicht?

MANCHE Philosophen haben den Teil der Moral, welcher von besonderen Pflichten handelt, wie sich z. B. der Ehemann gegen seine Gattin verhalten, wie der Vater seine Kinder erziehen, der Herr sein Gesinde regieren soll, allein für nötig gehalten; um die übrigen Teile haben sie sich nicht bekümmert; als ob man andere zur Beobachtung einzelner Pflichten überreden könne, wenn sie nicht belehrt werden, wie man sein Leben überhaupt einrichten soll. Andere hingegen haben die Lehre von besonderen Pflichten für unerheblich gehalten, weil ein solcher Unterricht nicht bis zum Herzen dringe, da hingegen jener Teil, welcher keine besonderen Vorschriften erteilt, sondern die Grundsätze enthält, wonach man sein ganzes Verhalten einrichten soll, weit nützlicher sei, indem derjenige, der sie wohl verstanden und gelernt hat, sich selbst gebieten werde, wie er sich in einzelnen Fällen zu verhalten habe.

Es ist also die Frage, ob die Erteilung einzelner Vorschriften nützlich sei oder nicht? Diejenigen, die sie für überflüssig halten, sprechen: „Wenn das Auge einen Fehler hat, der das Sehen verhindert, so muß das, was das Sehen hindert, weggeschafft werden; denn wenn das nicht geschieht, so wird man vergeblich sagen: *dahin mußt du gehen, dorthin mußt du die Hand ausstrecken.*" Auf gleiche Weise, wenn etwas die Seele verdunkelt, so wird man dem Verblendeten vergeblich gebieten; so mußt du dich gegen deinen Vater, so gegen deine Gattin verhalten. Denn Vorschriften werden nichts ausrichten, so lange die Seele von Irrtümern verblendet ist; wenn diese weggeräumt sind, dann wird es klar werden, was man in einzelnen Fällen zu tun schuldig sei. Sonst sagst du dem Kranken, was der Gesunde zu tun habe; aber du machst ihn nicht gesund. Du zeigst dem Armen, wie er sich als ein Reicher zu verhalten habe; wie kann das geschehen, so lange er arm bleibt? Das gilt von allen Fehlern. Sie selbst muß man wegschaffen, nicht gebieten, was unmöglich ist, so lange sie bleiben. Wenn man nicht die Vorurteile wegräumt, womit wir behaftet sind, so wird weder der Geizige lernen, wie er mit dem Geld umgehen, noch der Furchtsame, wie er Gefahren verachten soll. Du mußt ihn überzeugen, daß das Geld an sich betrachtet, weder etwas Gutes noch etwas Böses ist, ihn an Reiche erinnern, die bei ihrem Reichtum höchst elend sind. Du mußt ihn belehren, daß die Dinge, wovor wir gemeiniglich so sehr zu erschrecken pflegen, nicht so sehr zu fürchten sind, als sich der große Haufe vorstellt; daß auch der Schmerz und der Tod keine großen Übel sind, daß es bei dem Tode, der uns allen bevorsteht, oft ein großer Trost ist, daß ihn keiner noch einmal zu befürchten hat, daß bei dem Schmerz ein fester Sinn, der sich alles erleichtert, was er standhaft erduldet, das beste Heilmittel ist – daß man alles, was die natürliche Einrichtung der Welt gebietet, männlich annehmen müsse. Wenn du ihn durch solche Grundsätze auf die Beschaffenheit seines Zustandes aufmerksam gemacht hast; wenn er eingesehen hat, daß nicht Vergnügen, sondern ein der Natur gemäßes Verhalten zu einem glückseligen Leben führt; wenn er die Tugend als das einzige Gut des Menschen über alles liebt, das Laster als das einzige Übel verabscheut, alles andere hingegen, Reichtum, Ehrenstellen, gute Gesundheit, Stärke, Herrschaft für Mitteldinge hält, die an sich weder gut noch böse sind, so wird er keines Erinnerers bedürfen, der ihm sage: das geziemt dem Weib, das dem Ehemann, das dem Unverheirateten. Denn diejenigen, die an dergleichen Pflichten so sorgfältig erinnern, können sie selbst nicht ausüben. Dergleichen Lehren gibt der Erzieher dem Knaben, und die Großmutter dem Enkel. Auch so mancher Lehrer, der sich im Zorn nicht zu fassen weiß, sagt, man soll sich nicht erzürnen.

Hierauf kann Verschiedenes geantwortet werden. Es ist wahr, daß man den Fehler an den Augen, der das Sehen verhindert, erst verbessern muß, ehe man dem, der damit behaftet ist, sagen kann, wohin er gehen, und wohin er die Hand ausstrecken soll. Durch ein Heilmittel muß das Übel gehoben werden. Denn von Natur sehen wir, und wer das Hindernis des Sehens wegschafft, der gibt der Natur wieder, was ihr eigen war. Aber die Natur lehrt nicht, was zur Ausübung einer jeden Pflicht erfordert wird. Dazu, daß das Auge die Verschiedenheiten der Farben wahrnehme, bedarf man keiner Belehrung; es wird weißes und schwarzes ohne Erinnerung unterscheiden; die Seele hingegen bedarf vieler Vorschriften, wenn sie sehen soll, wie man sich in seinem Leben zu verhalten habe. Und doch gibt auch der Arzt dem Augenkranken, den er kuriert hat, gewisse Vorschriften. „Du darfst", spricht er, „mit deinem schwachen Gesicht dich nicht sogleich dem hellen Licht aussetzen; du mußt erst aus der Finsternis an einen schattigen Ort gehen, alsdann kannst du mehr wagen, und dich gewöhnen, das helle Licht zu vertragen", und dergleichen mehr. Es ist wahr, daß der

Irrtum eine Ursache der Sünde ist, und daß Gebote nicht von falschen Meinungen befreien; sie haben aber dennoch ihren Nutzen, wenn noch andere Belehrungen hinzukommen. Sie kommen erstlich dem Gedächtnis zu Hilfe, hernach wird das, was man im allgemeinen dunkel einsah, genauer erwogen, wenn es teilweise betrachtet wird. „Es ist töricht", sagt man, „dem Kranken gebieten, was er als ein Gesunder tun soll; man muß seine Gesundheit wiederherstellen." – Gibt es aber nicht gewisse gemeinschaftliche Vorschriften, welche Kranke und Gesunde zu beobachten haben? z. B. daß man die Speisen nicht gierig hinunterschlucken dürfe, daß man Ermüdungen vermeiden müsse. – „Was nützt es", sagt man, „an bekannte Dinge erinnern?" – Sehr viel. Denn bisweilen wissen wir, was wir tun sollen, wir sind aber nicht aufmerksam darauf. Die Erinnerung daran lehrt nicht; aber sie hält vom Bösen ab, aber sie ermuntert zum Guten; aber sie macht, daß man im Gedächtnis behält, was man weiß, und es nicht vergißt. Wir gehen vor den meisten Dingen, die uns vor Augen liegen, vorbei, ohne sie zu bemerken; erinnern ist eine Art der Ermahnung. Oft stellt sich der Mensch, als ob er das Bekannteste nicht wisse, es muß ihm daher die Kenntnis der bekanntesten Dinge tief eingeprägt werden. – Du weißt, daß man die Pflichten der Freundschaft heilig beobachten soll; aber du tust es nicht. Du weißt, daß der ein schlechter Mann ist, der Keuschheit von seiner Ehegattin fordert, und mit anderen Weibern Ehebruch begeht, daß du mit keiner Beischläferin zu tun haben sollst; aber du achtest nicht darauf. Daher mußt du oft daran erinnert werden. Was heilsam ist, das muß man oft überlegen, damit es uns nicht bloß bekannt sei, sondern damit wir es stets in Bereitschaft haben.

Man sagt ferner, wenn dasjenige, was du vorschreibst, zweifelhaft ist, so mußt du Beweise hinzufügen. Daher nützen diese, nicht die Vorschriften. Aber nützt nicht zum öfteren das Ansehen des Erinnerers, auch ohne Beweis? Überdies haben Vorschriften schon an sich selbst ein großes Gewicht, insonderheit wenn sie einem Gedicht eingewebt, oder in ungebundener Rede in eine Sentenz zusammengepreßt sind, z. B. *sei sparsam mit der Zeit; lerne dich selbst kennen; ein Heilmittel der empfangenen Beleidigungen ist das Vergessen derselben; Herzhafte begünstigt das Glück; der Faule steht sich selbst im Weg.* Solche Aussprüche bedürfen keines Verteidigers; sie berühren die Affekten selbst, und nützen, indem die Natur ihre Kraft äußert. Es liegt in den menschlichen Gemütern der Same alles Guten verborgen, welcher durch Ermahnungen zum Keimen erweckt wird; so wie ein Funke, wenn ihn ein leichter Hauch anbläst, sein Feuer ausbreitet. – Durch manche Vorschriften wird das Gemüt auch der unwissendsten Menschen mächtig getroffen, z. B. durch jene äußerst kurze, aber wichtige Sentenzen: *Nichts zuviel. Ein geiziges Gemüt wird durch keinen Gewinn gesättigt. Erwarte von anderen, was du ihnen getan hast.*

41.
Belehrungen über einzelne Pflichten können dann erst ihre Kraft beweisen, wenn der Mensch angewiesen wird, nach guten, festen Grundsätzen zu handeln. Es müssen daher beide miteinander verbunden werden.

SO nützlich und nötig es ist, an einzelne Pflichten zu erinnern, so darf man es doch dabei allein nicht bewenden lassen. Denn einzelne Vorschriften bewegen nur alsdann zum Rechttun, wenn sie einem folgsamen Gemüt erteilt werden; bisweilen bleiben sie ganz fruchtlos, wenn die Seele von verkehrten Meinungen eingenommen ist. Niemand kann irgendeine Pflicht so ausüben, wie sie ausgeübt werden soll, wenn er nicht weiß, wann, in welcher Maß, gegen wen, und wie sie auszuüben sei. Gute Handlungen entspringen aus Grundsätzen. Sie befestigen unsere Furchtlosigkeit, und bewahren unsere Gemütsruhe, die uns in unserem ganzen Leben begleiten soll.

Man spricht: „Die alten Lehrer der Weisheit geben bloß Vorschriften, was man tun und unterlassen soll, ohne gelehrte Gründe;

und damals gab es weit mehr rechtschaffene Männer, als jetzt. Seitdem so viele Gelehrte aufgetreten sind, mangelt es an Rechtschaffenen. Denn jene einfache und ungekünstelte Tugendlehre ist in eine dunkle und gekünstelte Wissenschaft verwandelt worden; wir lernen, wie wir disputieren, nicht wie wir leben sollen." – Es verhält sich allerdings so, wie ihr sprecht; jene alte Weisheit war bei ihrem ersten Entstehen noch roh, und unausgebildet, so wie andere Künste, welche erst nach und nach verfeinert worden sind. Es waren aber auch häufigere Heilmittel noch nicht nötig. Das Laster hatte sein Haupt noch nicht so hoch emporgehoben, und sich noch nicht so weit verbreitet. Gegen einfache Fehler konnten einfache Heilmittel hinreichend sein. Jetzt müssen so mächtigen Übeln, von welchen wir angegriffen werden, desto wirksamere Verwahrungsmittel entgegengesetzt werden. Die Arzneikunst bestand ehedem in der Kenntnis der Kräuter, womit das Blut gestillt, und Wunden zugeheilt werden konnten; hernach ist sie eine so weitläufige Wissenschaft geworden. Man darf sich auch nicht darüber wundern, daß sie damals noch nicht so mühsam war, da die Menschen gesünder und stärker waren, als jetzt, und sich mit einfachen Nahrungsmitteln begnügten. Seitdem man aber angefangen hat, auf Speisen bedacht zu sein, die nicht den Hunger stillen, sondern reizen, und so viele Arten der Gewürze erfunden worden sind, wodurch die Eßbegierde erregt wird, sind manche Speisen nicht mehr Nahrungsmittel für Hungrige; sie sind den Gesättigten lästig und nachteilig. Daher jene bleiche Farbe der Gesichter, Zittern der Glieder, Magerkeit, welche desto schlimmer ist, weil sie nicht aus Hunger, sondern aus unverdaulichen Speisen entsteht. Daher Kopfschwindel, Augen, und Ohrenschmerzen, Stechen im Gehirn, als wenn Würmer darin wären, und alle schmerzlichen Krankheiten der Eingeweide. Daher unzählige Arten der Fieber, und anderer Krankheiten, womit die Unmäßigkeit bestraft wird. Es sind viele und mannigfaltige Mittel nötig, solchen Übeln zu steuern.

So verhält es sich auch mit dem sittlichen Verderben. Es ist so groß, daß man alles Mögliche versuchen muß, demselben zu widerstehen. Und wollte Gott, daß diese Seuche endlich nach vielen Anstrengungen besiegt werden könnte! Es ist wenigstens der Zweck der Philosophie, diesem großen und weit ausgebreiteten Übel zu widerstehen, darum mußte sie gründlicher bearbeitet werden, als in alten Zeiten nötig war. Es müssen also Grundsätze festgesetzt werden, wodurch Irrtümer und falsche Meinungen entkräftet werden können. Wenn damit Vorschriften, Trostgründe, Ermahnungen verbunden werden, so können sie gute Wirkungen hervorbringen; an sich selbst sind sie unwirksam. Wenn wir Lasterhafte bessern wollen, so müssen sie erst lernen, was überhaupt gut oder böse ist, damit sie einsehen, daß alle Dinge, außer der Tugend, ihre Namen verändern, bald als Übel, bald als Güter betrachtet werden können.

Außerdem können bloße Vorschriften vielleicht so viel wirken, daß man tut, was sich zu tun gebührt; sie werden aber nicht bewirken, daß man es in der rechten Absicht tut, und wenn sie das nicht leisten, so führen sie nicht zur Tugend. Der Mensch wird zwar seine Schuldigkeit beobachten, wenn man ihn daran erinnert; das ist aber noch wenig, weil nicht die bloße äußerliche Tat, sondern die Absicht Lob verdient. Es wartet und pflegt jemand seinen Freund in seiner Krankheit. Wir billigen es. Wenn er es aber in der Absicht tut, sein Erbe zu werden, so ist er ein Geier, der auf ein Aas lauert. Die nämliche Handlung kann bald gut, bald böse genannt werden; es kommt darauf an, warum, und in welcher Absicht sie verrichtet wird. Alle Handlungen werden aber gut, wenn wir uns der Tugend gewidmet haben, und sie unter allen menschlichen Dingen für das einzige Gut halten; alles andere ist nur auf eine Zeitlang gut. Man muß daher einen Grundsatz annehmen, der sich auf das ganze Leben bezieht. Ein Leben ohne festen Vorsatz ist unstet. – Keine Handlung ist gut, wenn nicht der Wille gut ist; denn von dem Willen hängt die Handlung ab.

42.
Die Furchtsamkeit des Lasters.

LASTERTATEN können verborgen bleiben; aber sicher sind sie nicht. Denn die vornehmste und größte Strafe der Sünder ist, daß sie gesündigt haben. Keine Lastertat, wenn sie auch das Glück mit seinen Geschenken schmückt, wenn sie sich auch verteidigt, und von der Strafe rettet, ist unbestraft, weil das Laster seine eigene Strafe mit sich führt. – Das Glück befreit manche von der Strafe, aber nicht von der Furcht; denn der Abscheu vor dem, was die Natur verdammt hat, ist uns angeboren. Wenn also die Taten solcher Menschen gleich verborgen bleiben, so halten sie sich doch nie für sicher, weil ihr Gewissen sie anklagt, und verursacht, daß sie sich in ihrer wahren Gestalt erblicken. Schuldige müssen sich notwendig fürchten. Da so viele Lastertaten der Kenntnis des Richters entgehen, so wären wir übel beraten, wenn nicht jene natürlichen und schweren Strafen den Mangel der gegenwärtigen ersetzten.

43.
Man darf sich nicht auf äußerliche Güter verlassen.
Der Tugendhafte sieht der Zukunft ruhig entgegen.

NIEMAND, der von der Glückseligkeit abhängt, kann glückselig sein. Wer sich über etwas freut, was ihm woanders her zufällt, der stützt sich auf etwas Zerbrechliches; die darüber empfundene Freude wird nicht dauerhaft sein. Aber jene aus dem Innern (aus einer tugendhaften Gemütsverfassung) entsprungene Freude ist dauerhaft, beständig, und wächst, und währt bis an das Ende; alles andere, was der große Haufe bewundert, ist nur auf eine Zeitlang gut. Wie denn also? Können dergleichen Dinge nicht nützlich sein? Können sie nicht manches Vergnügen gewähren? Wer leugnet das? Aber nur insofern können sie es, als sie von uns, und wir nicht von ihnen abhängen. Alle Dinge, die das günstige Schicksal zuführt, sind nützlich und angenehm, wenn derjenige, der sie hat, sich selbst hat, und nicht der Gewalt seiner zeitlichen Güter unterworfen ist.

Man irrt, wenn man glaubt, das Schicksal könne uns etwas Gutes oder Böses geben. Es gibt Stoff zum Guten und Bösen. Das Gemüt des Menschen vermag mehr als alles Schicksal; es schafft sich selbst ein seliges oder elendes Leben. Der Böse verwandelt alles in Böses, wenn es ihm gleich in der Gestalt des Besten zugefallen ist; der Rechtschaffene und Unverdorbene verbessert das Böse des Schicksals, und lindert die Härte desselben durch die Kunst dasselbe zu ertragen; und eben derselbe nimmt das günstige Schicksal dankbar und bescheiden, Unglück hingegen standhaft und herzhaft an. Er mag noch so klug und vorsichtig sein; er mag auch alles mit genauer Überlegung tun, und nichts unternehmen was über seine Kräfte geht; jenes reine, und den Drohungen des Schicksals nicht ausgesetzte Gut wird ihm nie zuteil werden, wenn er nicht der ungewissen Zukunft einen festen Mut entgegensetzen kann. Du magst nun andere oder dich selbst ohne Eigenliebe beobachten, so wirst du einsehen und bekennen, daß uns nichts wünschenswürdiges und wertes nützlich ist, wenn wir uns nicht auf künftige ungewisse und veränderliche Zufälle gefaßt machen; wenn wir nicht oft, und ohne Klage bei jedem erlittenen Verlust sprechen: „Gott hat es so gewollt." Noch mehr wird es zur Sicherung deiner Gemütsruhe beitragen, wenn du bei jeder fehlgeschlagenen Hoffnung sprichst: „Gott weiß besser als ich, was mir gut und nützlich ist." Wer so gefaßt ist, den wird kein Zufall beunruhigen; so wird er aber gefaßt sein, wenn er über die Veränderlichkeit der menschlichen Schicksale nachgedacht hat, ehe er sie fühlte; wenn er Weib und Kinder und Eigentum so gehabt hat, daß er sich immer dabei vorgestellt hat, er werde sie gewiß nicht immer haben, und daß er deswegen nicht elender sein werde, wenn er sie nicht mehr haben wird. Unglücklich ist ein Gemüt, welches sich wegen der Zukunft ängstigt; und elend ehe er wirklich elend wird ist derjenige, der darüber bekümmert ist, daß er das, woran er ein Vergnügen findet, nicht bis an das Ende seines Lebens behalten wird. Denn er wird niemals ruhig werden, und in banger Erwartung der Zukunft wird er auch das Gegenwärtige, was er hat, nicht froh genießen. Denn es ist gleichviel, ob man eine Sache verliert, oder ob man sie zu verlieren fürchtet.

Sei aber demungeachtet nicht leichtsinnig und unbedachtsam. Suche vielmehr das, was du befürchtest, abzuwenden, und dich zum voraus vor dem zu verwahren, wovor du dich durch Überlegung verwahren kannst; sei aufmerksam auf alles, was dir Schaden und Nachteil bringen kann, ehe es dir noch begegnet. Ein gutes Zutrauen zu dir selbst, und eine feste Entschlossenheit alles zu ertragen, wird dir hierzu sehr behilflich sein. Wer Unglück ertragen kann, der kann es auch zu verhüten suchen; er ist wenigstens in ruhigen Tagen nicht unruhig in seinem Gemüt. Denn was ist elender und törichter, als sich fürchten ehe es nötig ist, und sein Unglück schon zum voraus fühlen?

Jener Weise sagte mit Recht: „Alle Güter der Sterblichen sind sterblich"; er meinte aber diejenigen Güter, wonach der große Haufe strebt. Denn jenes wahre Gut stirbt nicht; Weisheit und Tugend sind das wahre und ewigbleibende, das einzige unsterbliche Gut, welches den Sterblichen zuteil werden kann. Und dennoch denken manche Menschen so schlecht, und vergessen so ganz, daß sie mit jedem Tag ihrem Ende näherkommen, daß sie sich wundern, wenn sie etwas verlieren, da sie an einem Tag alles verlieren werden. Nichts von allem dem, dessen Herr du bist, ist dein; es ist nur bei dir; du kannst es nicht ewig behalten. Notwendig muß man ebensowohl sterben als verlieren; und wenn wir es recht überlegen, so werden wir uns eben damit trösten, daß wir nur das verlieren, was ohnehin vergehen wird. Welchen Ersatz werden wir demnach für dergleichen verlorene Dinge finden? Diesen, daß wir das Verlorene in stetem Andenken behalten, und den Nutzen, den wir davon gehabt haben, nicht verlorengehen lassen. *Haben* wird entrissen; aber *gehabt haben*, niemals. Derjenige ist sehr undankbar, der für das Empfangene nicht mehr dankbar ist, so bald er es verloren hat. Der Zufall nimmt uns eine Sache; aber die Nutznießung davon muß er uns lassen; und diese verlieren wir, wenn wir das Verlorene unbilligerweise und mit Sehnsucht zurück wünschen. Sprich zu dir: „Von allen den Dingen, welche schrecklich zu sein scheinen, ist keines, das nicht überwunden werden könnte." Erinnere dich an die Beispiele so vieler großen Männer, die das Härteste besiegt haben. Welche entsetzlichen Martern haben sie mit der größten Standhaftigkeit erduldet! Auch wir wollen in Widerwärtigkeiten einen getrosten Mut beweisen, und ein gutes Beispiel geben. Warum ermatten wir? Warum verzweifeln wir? Was geschehen konnte, das kann noch immer geschehen. Wir wollen nur unser Gemüt reinigen, und der gesunden Vernunft gemäß leben; wer ihr untreu wird, der muß sich fürchten, und ein Sklave des Zufalls werden. Wir können auf den rechten Weg zurückkehren, und werden, was wir sein sollen. Wir wollen es so weit zu bringen suchen, daß wir den Schmerz, auf welche Art er auch unseren Körper angreifen mag, ertragen, und zu dem Schicksal sprechen können: „Du hast es mit einem Mann zu tun; suche einen anderen, den du besiegen kannst." Mit solchen und anderen dergleichen Reden werden wir den Schmerz lindern.

44.
Trost bei dem Tod unserer Anverwandten und Freunde.

UNSERE verstorbenen Lieben und Freunde sind nicht ganz für uns verloren; denn ein großer Teil von ihnen bleibt uns noch – das Andenken an sie. Man schränkt den Genuß der Dinge zu eng ein, wenn man sich nur über das Gegenwärtige freut; auch das Künftige und Vergangene kann uns Vergnügen gewähren; jenes durch Erwartung; dieses durch Erinnerung. Das Künftige ist ungewiß; was wir erwarten, kann auch nicht erfolgen; aber das Vergangene ist gewiß, und kann nicht ungeschehen gemacht werden. Wie töricht ist es demnach, wenn man das, was man gewiß genossen hat, leichtsinnig vergißt? Es gibt unzählige Beispiele von Männern, die ihre in der Jugend verstorbenen Söhne ohne Tränen zu Grabe begleitet haben, und sogleich nach der Leiche an ihre Geschäfte gegangen sind; und sie haben wohlgetan. Denn erstlich ist es vergeblich, sich zu bekümmern, wenn man mit Kummer nichts ausrichtet; hernach ist es auch unbillig, sich über das zu beklagen, was einem widerfahren ist, und allen bevorsteht. Wir sollten auch darum gelassen sein, weil wir denen, die wir verloren haben, nachfolgen werden. Bedenke nur, wie äußerst schnell die Zeit verfließt; wie kurz der Zeitraum ist, den wir mit der größten Geschwindigkeit durchlaufen. Derjenige, den du verloren zu haben glaubst, ist nur vorausgeschickt worden. Da du nun den nämlichen Weg gehen mußt, was kann törichter sein, als den beweinen, der vorangegangen ist? Beweint jemand eine Begebenheit, von welcher er wußte, daß sie notwendig erfolgen müsse? Wer sich beklagt, daß ein Mensch gestorben ist, der beklagt sich, daß er ein Mensch war. Es trifft uns alle das nämliche Los; wer geboren ist, der muß auch sterben; der Unterschied ist nur, daß der eine früher, der andere später stirbt. Bei dieser Veränderlichkeit und Ungewißheit der menschlichen Schicksale ist uns nichts gewisser als der Tod.

„Aber", sprichst du, „es ist mir ein Kind gestorben, an welchem ich Freude zu erleben hoffte!" – Wie gering ist aber der Unterschied zwischen dem Alter eines bejahrten Mannes und eines Kindes! Vergleiche das menschliche Alter mit der Ewigkeit. Du wirst einsehen, wie unbedeutend das ist, was wir wünschen, und was uns eine lange Zeit zu sein scheint. Und wieviel geht auch von dieser Zeit verloren durch unsere Bekümmernisse, durch Kränklichkeit, durch Furcht, durch die Jahre unserer zarten Kindheit? Die Hälfte davon wird verschlafen. Wenn du das bedenkst, so wirst du gestehen müssen, daß man bei dem längsten Leben nur sehr wenig gelebt hat.

Du hofftest Freude an deinem Knaben zu erleben; aber wie ungewiß ist diese Hoffnung. Er konnte unter deiner Aufsicht und Leitung bescheiden, verständig, besser, tugendhaft werden; aber (was wohl mit mehrerem Recht zu befürchten ist,) er konnte auch durch böse Beispiele verführt werden. Betrachte nur jene Jünglinge aus den besten Familien, welche die Verschwendung auf den Kampfplatz hingeworfen hat, die sich wollüstigen Ausschweifungen ergeben, die fast keinen Tag vorbeigehen lassen, ohne sich zu berauschen, oder irgendeine Schandtat zu begehen. Du wirst einsehen, daß mehr befürchtet als gehofft werden konnte.

Indessen ist meine Meinung nicht, daß man bei dem Verlust eines Kindes, oder eines Anverwandten und Freundes ganz unempfindlich sein, und selbst bei der Leiche die Miene der Fröhlichkeit annehmen soll. Keineswegs. Es ist nicht menschlich, es ist keine Tugend, wenn man die Leichen der Seinigen mit eben den Augen ansehen kann, womit man sie selbst gesehen hat, ohne bei ihrer Trennung im geringsten bewegt zu werden. Vergeblich würde man in solchen Fällen die Traurigkeit verbieten. Die Tränen fließen, wenn man sie auch zurückhalten will, und geben dem Gemüt Erleichterung. Wir wollen sie also fließen lassen; aber nicht erzwingen, wie manche zu tun pflegen, weil es die Gewohnheit so mit sich bringt. Sie seufzen lauter, wenn sie von anderen Leuten gehört werden. Sie schweigen, und sind ruhig, wenn sie allein sind; wenn sie aber jemand sehen, so fangen sie aufs neue an zu weinen. Dann halten sie die Hände vor das Gesicht; dann wünschen sie sich den Tod, und werfen sich auf das Sofa. Wir begehen hierin, wie in anderen Dingen, den Fehler, daß wir uns nach den Beispielen des großen Haufens richten. Wir verlassen die Natur, und geben uns dem Pöbel hin, der, wie in anderen Dingen, so auch hierin höchst unbeständig ist. Sieht er jemand, der sich bei seiner Trauer zu fassen weiß, so heißt es: er hat keine Liebe zu den Seinigen; er ist ein roher Mensch. Sieht er einen anderen, der an den Leichnam des Verstorbenen hinsinkt, und sich kaum zu fassen weiß, so nennt er ihn einen weibischen und entnervten Schwächling.

Man muß sich in allen Dingen, und auch in solchen Fällen vernünftig betragen. Wenn uns die erste Nachricht von dem Tode einer geliebten Person gebracht wird, so preßt uns die natürliche Notwendigkeit Tränen aus; wir können uns ihrer nicht enthalten. Aber bisweilen lassen wir unseren Tränen ihren Lauf, wenn wir das Andenken an diejenigen, welche wir verloren haben, erneuern. Hier vermischt sich Vergnügen mit der Traurigkeit. Wenn wir uns an ihre angenehmen Gespräche, an ihren munteren Umgang, an ihre dienstfertige Liebe erinnern, dann erheitert sich unser Auge wieder. Man hat nicht Ursache die Tränen wegen der Anwesenden zurückzuhalten, oder zu erzwingen. Man muß sich auch hierin der Natur gemäß verhalten.

Wenn du dich an den Tod eines Sohnes erinnerst, der in seinem Knabenalter gestorben ist, so bedenke, daß er ein Mensch war, und daß man sich noch nichts Gewisses von ihm versprechen konnte. Übrigens rede oft von ihm, und erneuere das Andenken an ihn so oft du kannst. Erinnere dich oft an die kindischen Scherze, die du mit Vergnügen von ihm gehört hast. Stelle dir vor, er hätte deine väterlichen Hoffnungen gewiß erfüllen können. Es verrät kein gutes Gemüt, wenn man die Seinigen vergißt; wenn man zwar bei ihrer Leiche häufige Tränen fließen läßt, aber das Andenken an sie mit ihren Leichen begräbt. So lieben die Vögel und die wilden Tiere ihre Jungen. Ihre Liebe ist heftig, und fast rasend, aber erloschen, so bald sie dieselben verloren haben. Das geziemt keinem verständigen Mann. Er behalte die Verstorbenen stets in gutem Andenken, höre aber auf sie zu betrauern.

45.
Der Todestag des Tugendhaften ist der Geburtstag zu einem neuen Leben.

ERWARTE deinen Todestag ohne Furcht; er ist der Geburtstag zu einem ewigen Leben. Er ist der letzte für den Leib, nicht für die Seele. Sträube dich nicht, die Bürde deines Körpers abzulegen. Warum klagst, warum weinst du? Weinen war auch dein Erstes, als du das Licht der Welt erblicktest. Damals war dir es zu verzeihen; denn roh und ohne alle Erfahrung warst du nach deiner Geburt. Aus dem warmen Leib der Mutter gekommen, blies dich eine freiere Luft an, die deinem zarten Körper empfindlich war. Auch die Berührung einer harten Hand verursachte dir eine unangenehme Empfindung, weil du noch zart, und mit allem, was dich umgab, unbekannt warst. Jetzt kann es dich nicht mehr befremden, daß du dich von dem trennen mußt, was ein Teil von dir war. Es ist etwas Gewöhnliches. Lege den Körper, den du lange genug bewohnt hast, ruhig ab. Er wird begraben werden; er wird verwesen. Was trauerst du? Warum liebst du deine Hülle, als ob sie dein Eigentum wäre? Du bist nur damit bedeckt. Es kommt ein Tag, der dich sichtbar machen wird. Dahin schwinge dich schon jetzt, so viel du vermagst, empor. Sei schon jetzt auf etwas Höheres und Erhabeneres bedacht. Einst werden dir die Geheimnisse der Natur enthüllt werden; diese Finsternis wird verschwinden, und ein helleres Licht wird dich überall berühren. Stelle dir vor, was das für ein Glanz sein muß, wenn die Gestirne ihr Licht miteinander vermischen; wenn kein Schatten die Helle unterbrechen wird, wenn alle Gegenden des Himmels in gleichem Grade glänzen werden. Abwechslung des Tages und der Nacht findet nur in der untersten Luft statt. Schon jetzt bewunderst du das Licht, welches du durch die engen Wege der Augen von Ferne erblickst. Wie wird dir jenes göttliche Licht vorkommen, wenn du es an seiner Stelle wirst gesehen haben? Dieser Gedanke läßt nichts Schlechtes und Niedriges, nichts Grausames in der Seele aufkommen.

46.

Man soll dem künftigen Schicksal einen getrosten Mut entgegensetzen; und das ist möglich. Beispiel des Sokrates.

DER einzige Hafen dieses stürmischen und unruhigen Lebens ist, wenn man sich wegen der Zukunft nicht ängstigt, sondern allen Pfeilen des Schicksals einen getrosten Mut entgegensetzt. Und das ist möglich. Selbst diejenigen, die es für unmöglich halten, könnten es tun; aber sie wollen es nicht tun. Denn wem ist es jemals mißlungen, wenn er es versucht hat? Wem ist es nicht, nachdem er einmal einen ernstlichen Anfang gemacht hatte, leichter vorgekommen? Wir wagen es nicht deswegen nicht, weil es wirklich schwer ist, sondern es ist schwer, weil wir es nicht wagen. Man erinnere sich an das Beispiel des Sokrates, der noch als Greis so viele Leiden ertragen konnte. Er hatte die Härte des Schicksals in einem hohen Grade erfahren; er blieb aber unüberwindlich, auch bei seiner Armut, die ihm durch häusliche Leiden, durch seine rohe, unbändige, zänkische Frau, durch unfolgsame, der Mutter ähnliche Kinder noch schwerer gemacht wurde. Zuletzt wurde er unter den härtesten Beschuldigungen zum Tode verurteilt. Es wurde ihm vorgeworfen, er sei ein Religionsverächter; er habe die Jugend verführt, die er gegen die Götter, gegen die Obrigkeit und gegen die Republik aufgewiegelt habe. Zuletzt wurde er gefangengesetzt, und mußte den Giftbecher trinken. Bei dem allen zeigte er einen so unerschütterlichen Mut, daß er nicht einmal das Gesicht veränderte. Bis an sein Ende hat er den bewundernswürdigen und seltenen Ruhm behauptet: „Niemand hat den Sokrates jemals heiterer oder trauriger gesehen; bei so großer Ungleichheit des Schicksals blieb er sich immer gleich."

Man soll sich den Schickungen Gottes willig überlassen.

DIE Natur der Dinge können wir nicht ändern; das aber können wir, daß wir einen getrosten, eines rechtschaffenen Mannes würdigen Mut fassen, zufällige Ereignisse standhaft ertragen, und mit der Natur übereinstimmen. Die Natur erhält aber dieses Reich, welches du siehst, in seiner Ordnung durch Abwechslungen. Auf Nebel folgt ein heiterer Himmel; das Meer wird stürmisch, nachdem es ruhig gewesen war; auf die Nacht folgt der Tag. Durch einander entgegengesetzte Veränderungen wird die Fortdauer der Dinge befördert. Nach diesem Gesetz der Natur müssen wir uns bequemen; diesem müssen wir gehorchen, und dafürhalten, daß alles, was geschieht, habe geschehen müssen. Wir dürfen die Natur nicht tadeln. Es ist am besten, daß man leide, was man nicht ändern kann: und sich den Führungen Gottes, unter dessen Leitung dies alles geschieht, überlasse. Der ist ein schlechter Soldat, der seinem Anführer seufzend folgt. Wir wollen daher die uns erteilten Befehle unverdrossen und freudig annehmen, und diese Ordnung des schönsten Werks, dem alle unsere Leiden eingeflochten sind, nicht verlassen. – Das Schicksal soll uns bereit und unverdrossen finden. Das ist eine große Seele, die sich Gott ergeben hat; hingegen ist das eine kleine und ausgeartete Seele, die widerstrebt, von der Weltordnung eine schlimme Meinung hat, und lieber Gott als sich selbst bessern will.

48.
Die Schönheit und hohe Würde der Tugend.

WENN wir in die Seele eines rechtschaffenen Mannes hineinschauen könnten, o welch eine schöne, welch eine heilige, welch eine prächtige und freundliche Gestalt würden wir da erblicken! Hier würden Gerechtigkeit, dort Tapferkeit, dort Mäßigung und Klugheit in dem schönsten Glanz erscheinen; außerdem Sparsamkeit, und Enthaltsamkeit, und Freiheit, und Leutseligkeit, und Humanität, welche so selten bei dem Menschen gefunden wird, würden sie mit ihrem Glanz umstrahlen. Dann Vorsichtigkeit, Artigkeit, und die erhabenste Großmut, Gott! welche Schönheit, welche Würde, welches Ansehen würden sie ihr geben! Jedermann würde gestehen, daß sie ebenso liebenswürdig als ehrwürdig sei. Und wenn jemand diese Gestalt höher und glänzender gesehen hätte, als sie von Menschen gesehen zu werden pflegt, würde er nicht erstaunt stillstehen, als ob ihm eine Gottheit begegnet wäre, und stillschweigend bitten, daß es ihm nicht schaden möge, sie gesehen zu haben?[8] Würde er sie nicht, durch ihre freundlichen Mienen beruhigt, anbeten, sie demütig anflehen, und um ihren Beistand bitten?

Jedermann würde von Liebe zu ihr entbrennen, wenn wir das Glück hätten sie zu sehen. Denn jetzt verhindern uns viele Dinge daran, und blenden entweder unser Gesicht mit ihrem allzugroßen Glanz, oder verdunkeln dasselbe. Gleichwie aber die Sehkraft unserer Augen durch Arzneimittel geschärft und gereinigt werden kann: so werden auch wir, wenn wir die Sehkraft unserer Seele von dem, was ihr hinderlich ist, befreien wollen, die Tugend sehen können, ob sie gleich mit dem Körper bedeckt ist, wenn sie auch unter Armut, niedrigem Stand und schlimmem Ruf verborgen ist. Wir werden, sage ich, ihre Schönheit sehen, wenn sie auch von einem schlechten Kleid bedeckt wird. Hingegen werden wir auch das Laster und die Schlechtigkeit eines bösen Gemüts sehen, wenngleich ein noch so starker Glanz der Reichtümer dasselbe umstrahlt, und das falsche Licht bald der Ehrenstellen, bald großer Macht den Sehenden blendet. Dann werden wir einsehen können, wie verächtlich die Dinge sind, die wir bewundern, ganz den Knaben ähnlich, für welche jedes Spielwerk einen großen Wert hat.

---

[8] Dies bezieht sich auf die Meinung der Alten, daß man sterben müsse, wenn man eine Gottheit gesehen habe. Dies scheint mir der Sinn dieser Worte zu sein.

Wohlfeil gekaufte Halsbänder sind ihnen lieber als Eltern und Brüder. Was ist aber für ein Unterschied zwischen uns und ihnen, außer daß wir mit rasender Begierde Gemälde und bunte Bildsäulen um einen teuren Preis kaufen? – Wir bewundern mit dünnem Marmor überzogene Wände, ob wir gleich wissen, was darunter verborgen ist; wir täuschen unsere Augen. Und wenn wir die Decken (unserer Zimmer) mit Gold überziehen, was anderes geben wir dadurch zu erkennen, als daß wir ein Vergnügen daran finden uns zu belügen? Denn wir wissen, daß unter diesem Gold schlechtes Holz verborgen liegt. Aber nicht nur unseren Wänden und Decken geben wir einen falschen Zierrat, selbst die Glückseligkeit derer, die sich mit ihrem vornehmen Stand brüsten, ist nur vergoldet. Betrachte sie nur genauer; du wirst sehen, wieviel Schlimmes unter dem dünnen Häutchen des vornehmen Standes verborgen ist. Viele erhebt das Geld zu obrigkeitlichen Würden und Richtern. Seitdem dieses Ehre zu bringen angefangen hat, hat wahre Ehre ihren Wert verloren; und wir sind untereinander Käufer und Verkäufer geworden; wir fragen nicht, wie eine Sache beschaffen sei, sondern wieviel sie koste. Um Lohn sind wir fromm, um Lohn sind wir gottlos. – Die Bewunderung des Goldes und Silbers haben uns unsere Eltern eingeflößt. Die uns in unserer Kindheit eingeflößte Begierde danach hat sich bei uns festgesetzt, und sich mit uns vergrößert. Hierüber ist hernach das ganze Volk, welches sonst so uneinig ist, einig worden: das ehren sie; das wünschen sie den Ihrigen. Endlich ist es mit dem Verfall der Sitten so weit gekommen, daß Armut für einen Fluch und für eine Schande geachtet wird, den Reichen verächtlich, den Armen verhaßt. Jedermann fragt: „Ist dieser Mann reich?" Niemand: „Ist er tugendhaft?" Man fragt nicht, woher er seinen Reichtum habe, sondern nur was er habe? Endlich hat man das beste Zeitalter das *goldene* genannt.

Möchten doch die Menschen endlich einmal einsehen, wie sehr sie sich in ihrer Meinung betrügen! Möchten doch diejenigen, die nach Reichtum trachten, mit Reichen und diejenigen, die nach Ehrenstellen trachten, mit Ehrsüchtigen, die die höchste Stufe der Ehre erreicht haben, zu Rate gehen; sie würden gewiß ihre Wünsche aufgeben. Denn niemals genügt ihnen ihr Glück. Sie verlangen immer mehr, und werden nie ruhig und zufrieden. Werde weise; dann wirst du deine Glückseligkeit in dir selbst finden.

49.
Wie man am geschwindesten reich werden könne.

DU wünschst zu wissen, wie man am geschwindesten reich werden könne? Ich will dir es sagen; will zeigen, wie man auf einem kurzen Weg die größten Reichtümer erwerben kann. Doch wirst du eines Gläubigers bedürfen; denn wenn man große Geschäfte machen will, muß man erst Schulden machen. Ich will aber nicht, daß du beim Borgen einen Vermittler zu Hilfe nimmst; keine Unterhändler sollen von dir sprechen. Ich will dir einen Gläubiger empfehlen, der leicht zu haben ist: Borge von dir selbst. So wenig es auch sein mag, so wird es doch genug sein, wenn wir es von uns selbst verlangt haben. Denn nichts verlangen und haben ist einerlei; man wird sich nicht grämen.

Meine Meinung ist nicht, daß du der Natur etwas versagen sollst; sie ist hartnäckig; sie kann nicht überwunden werden; sie fordert das Ihrige. Was aber die Natur nicht verlangt, das kann man entbehren. Wenn ich hungrig bin; so muß ich essen; ob es gemeines, oder Weizenbrot ist, das geht die Natur nichts an. Sie will nicht, daß der Magen ergötzt, sondern daß er befriedigt werde. Wenn ich durstig bin, so muß ich trinken; ob ich das Wasser aus dem nächsten Teich, oder aus einem Brunnen geschöpft habe, das ist der Natur gleichgültig. Sie verlangt nur, daß der Durst gestillt werde. Es ist einerlei, ob ich aus einem goldenen oder kristallenen Becher, oder aus der hohlen Hand trinke. Siehe nur auf den Zweck aller Dinge, so wirst du das Überflüssige nicht verlangen. Wenn mich hungert, so strecke ich die Hand zu dem nächsten aus, was ich haben kann. Der Hunger selbst wird mir empfehlen, was ich ergriffen habe. Der Hungrige verachtet nichts. Der Weise bewirbt sich am eifrigsten um natürliche Reichtümer.

„Du täuschst mich", wirst du mir einwenden. „Du hast mir Reichtümer versprochen, und nun empfiehlst du mir Armut." – So hältst du also den für arm, dem nichts mangelt? – „Ja", wirst du sprechen, „das hat er seiner Geduld, nicht aber dem Glück zu danken." – Du hältst also jenen nicht für reich, weil ihm sein Reichtum nicht genommen werden kann? Willst du lieber viel als genug haben? Wer viel hat, verlangt mehr; und das ist ein Beweis, daß er noch nicht genug hat. Wer genug hat, der hat erreicht, was dem Reichen nie gelingt – seinen Zweck. Oder meinst du, jener Reichtum verdiene diesen Namen nicht, weil noch niemand um desselben willen in die Acht erklärt worden ist, weil er im Krieg sicher ist, weil er im Frieden nicht wuchert? Weil es weder gefährlich ist, ihn zu haben, noch mühsam ihn anzuwenden?

Das Geld hat noch niemand reich gemacht; es hat im Gegenteil jeden zu einer desto größeren Begierde danach hingerissen. Was ist aber die Ursache? Wer mehr hat als nötig ist, der fängt an mehr haben zu können, und nun will er immer mehr haben. Wer sich aber mit dem begnügen läßt, was die Natur verlangt, der fühlt nicht nur die Armut nicht; er fürchtet sie nicht einmal.

Aber der Reichtum verblendet den großen Haufen, und zieht die Aufmerksamkeit auf sich, wenn viel bares Geld aus dem Haus getragen wird, wenn die Decke der Wohnung mit vielem Gold bestrichen ist, wenn die Familie mit Pracht und Kleidung Aufsehen macht. Die Absicht aller dieser Menschen geht bloß dahin, vor dem Publikum zu glänzen; darin besteht ihre Glückseligkeit; wer sich aber weder um den Beifall des Pöbels bewirbt, noch seinen Reichtum dem Glück zu danken hat, ist glückselig in seinem Innern. Was aber diejenigen betrifft, die einer geschäftigen Armut irrigerweise den Namen des Reichtums beilegen, so haben sie den Reichtum so, wie man zu sagen pflegt, es habe jemand ein Fieber. Wir sollten im Gegenteil sagen: das Fieber hat ihn.

So sollte man auch sagen: der Reichtum hat ihn. Man muß alles nach den natürlichen Bedürfnissen abmessen, und diese können entweder umsonst, oder um einen wohlfeilen Preis befriedigt werden. Was liegt daran, auf welchem Tisch, in welchem Silberservice, von welchen Bedienten die Speisen aufgetragen werden? Die Natur verlangt weiter nichts als Speise. Der Hunger ist nicht stolz; wenn er befriedigt ist, so hört er auf, wie lange er aufhören werde, darum bekümmert er sich nicht viel. Damit quält sich vielmehr die unselige Schwelgerei. Sie fragt wie sie auch nach der Sättigung Hunger fühlen könne, nicht wie sie den Magen befriedigen, sondern wie sie ihn überfüllen, wie sie den durch den ersten Trunk gestillten Durst wieder aufreizen könne. Die Natur hat uns unter anderen das Gute verliehen, daß wir die nötigsten Bedürfnisse ohne Ekel befriedigen können. Der Schöpfer der Welt, dem wir das Leben zu danken haben, hat dafür gesorgt, daß wir gesund sein können; er will nicht, daß wir weichlich sein sollen. Alles hierzu Nötige ist vorhanden, und leicht zu haben. Wir wollen daher den Wert dieser großen

Wohltat erkennen, und sie dankbar benutzen; wollen bedenken, wie gut es für uns ist, daß wir die notwendigen Bedürfnisse des Lebens ohne Ekel befriedigen können.

50.

Unser Leib ist nur die Herberge unseres Geistes. Wider diejenigen, die immer zwischen Gutem und Bösem hin und her wanken.

WIR sollten stets bedenken, daß unser Leib nicht eine Wohnung, sondern eine Herberge unseres Geistes ist, und zwar eine Herberge auf kurze Zeit, die wir einmal verlassen müssen. Eine Seele, die sich ihres höheren Ursprungs bewußt ist, verläßt diese ihre Herberge nicht mit Furcht; denn sie weiß, daß sie wieder dahin gehen wird, woher sie gekommen ist. Sehen wir nicht, wie unbequem uns oft dieser Körper wird? Bald klagen wir über Magenschmerzen, bald über Kopfweh, bald über Engbrüstigkeit; bald sind wir zu vollblütig, bald haben wir zu wenig Blut. Wir sind denen ähnlich, die zur Miete zu wohnen pflegen. Allein ob wir gleich einen so vielen Veränderungen hinfälligen Leib bekommen haben, so handeln wir dennoch oft so, als ob wir ewig hier bleiben würden; denken immer weit in die Zukunft hinaus, sind mit keinem Geld, mit keinem Ansehen zufrieden. Kann etwas unverschämteres, etwas törichteres gedacht werden? Eine große Seele, die sich ihrer besseren Natur bewußt ist, bestrebt sich zwar, an dem Posten, woran sie gestellt ist, sich tugendhaft und rechtschaffen zu verhalten; sie hält aber nichts von dem, womit sie umgeben ist, für ihr Eigentum, sondern bedient sich desselben wie einer geliehenen Sache, wie ein Fremder, der davoneilt. Wenn wir jemand kennen, der beständig so denkt und handelt, werden wir ihn nicht für einen Mann von ungewöhnlicher Gemütsart erkennen? Vorausgesetzt, daß er wirklich der große Mann ist, der er zu sein scheint. Denn nur das Echte bleibt, das Falsche dauert nicht lange. Manche loben bald den Reichtum, bald die Armut; sind bald sparsam, bald verschwenderisch. Dieses beständige Hin- und Herwanken, wenn man bald den Schein der Tugend, bald der Lasterliebe annimmt, ist sicheres Merkmal eines bösen Gemüts. Solche Menschen sind sich niemals gleich, nicht einmal sich selbst ähnlich. So sind viele; beinahe möchte ich sagen alle. Sich immer gleichbleiben, ist eine schwere Sache. Nur der Weise vermag dies; die anderen erscheinen bald in dieser, bald in jener Gestalt, stellen bald diese, bald jene Person vor. Wenn man Manchen, den man gestern gesehen hat, heute wieder sieht, könnte man mit Recht fragen: „Wer ist der?“ So groß ist die Veränderung, die mit ihm vorgegangen ist.

51.
Verächtliche Denkungsart der Schwelger.

WER noch halbschlafend im Bett liegt, wenn die Sonne hoch am Himmel steht, und um Mittag zu wachen anfängt, wer aus Tag Nacht, und aus Nacht Tag macht, ist ein verächtlicher Mensch. Es gibt Menschen, die man Gegenfüßler nennen könnte, weil sie die Sonne niemals weder auf- noch untergehen gesehen haben. Glaubst du, daß diejenigen, die nicht wissen, wann man leben soll, wissen, wie man leben soll? Sind sie nicht freiwillig lebendig tot? Wenn sie gleich die ganze Nacht trinken und schmausen, so kann man doch nicht von ihnen sagen, daß sie wohlleben; sie feiern ihr Leichenbegängnis. – Dem Geschäftigen wird kein Tag zu lang. Wir wollen uns das Leben dadurch verlängern, daß wir von der Nacht etwas zum Tag mit hinübernehmen, um desto mehr Gutes tun zu können. Woher kommt denn die Verkehrtheit, daß man den Tag verabscheut, und das ganze Leben in eine Nacht verwandelt? Alle Laster streiten mit der Natur; alle verlassen die gehörige Ordnung. Die Schwelgerei findet Vergnügen an verkehrten Dingen; indem sie die gewöhnliche Ordnung der Natur verläßt, wird sie ihr völlig untreu. – Da heißt es dann: Man darf nicht tun, was das gemeine Volk tut; es ist zu gemein und verächtlich, nach gewöhnlicher Weise zu leben. Wir müssen den hellen Tag verlassen, und uns einen ganz eigenen Morgen schaffen. Solche Menschen sind als Tote zu betrachten. Denn wie wenig sind die, die nur bei Fackeln und Wachslichtern leben, von einer Leiche, und zwar von einer traurigen Leiche unterschieden? Wir wollen auf dem Weg bleiben, den uns die Natur von gezeichnet hat, und nicht davon abweichen. Wer ihr folgt, dem wird alles leicht; wer sich ihr entgegensträubt, der lebt nicht anders, als einer, der gegen den Strom rudert.

52.
Sei mit wenigem zufrieden.

ES ist sehr nötig, daß wir uns gewöhnen mit wenigem zufrieden zu sein. Denn es können Zeiten und Umstände kommen, wo auch Reiche nicht haben können, was sie wünschen. Niemand kann alles haben, was er will; das aber kann er, daß er nicht wolle, was er nicht haben kann, und daß er das Vorhandene froh gebrauche. – Wie viele Dinge uns entbehrlich sind, das merken wir nicht eher, als wenn sie uns mangeln. Denn wir bedienten uns ihrer nicht, weil wir mußten, sondern weil wir sie hatten. Wie viele Sachen schaffen wir uns aber an, weil sich andere solche angeschafft haben! Wir werden zu vielen Fehlern dadurch verleitet, daß wir uns nach Beispielen richten. Wir folgen nicht den Vorschriften der Vernunft, sondern lassen uns von Gewohnheiten dahinreißen. Wenn das nur wenige täten, so würden wir ihnen nicht nachahmen; weil es aber viele und häufiger tun, so folgen wir ihnen nach, als ob es nun besser wäre, und wir ergreifen den Irrtum anstatt der Wahrheit, weil er von der großen Menge angenommen worden ist. Die Mode beherrscht uns. Diesen Fehler müssen wir vermeiden, wenn wir gut und verständig werden wollen.

II.
Aus den Büchern vom Zorn.

HEFTIGER, ausschweifender Zorn[9] ist ein äußerst schädliches und abscheuliches Laster. Es ist schon häßlich an sich selbst, denn es entstellt den ganzen Menschen. Daher haben einige weise Männer den Zorn eine kurze Raserei genannt; und das ist er in der Tat. Denn der Zornige ist seiner ebensowenig mächtig als der Rasende; er setzt allen Anstand aus den Augen, achtet keine, auch noch so nahe Verwandtschaft, besteht hartnäckig auf dem, was er einmal unternommen hat, gibt der Vernunft und gutem Rat kein Gehör, und ist unfähig einzusehen, was billig und wahr ist. Betrachte nur die Gestalt und das Benehmen eines Menschen, den der Zorn besessen hat; er ist einem Rasenden ganz ähnlich. Starr und drohend ist sein Blick, wie der Blick des Rasenden; das in der Brust kochende Blut steigt in das Gesicht, und überzieht es ganz mit Röte; die Lippen beben, er beißt die Zähne übereinander; das Atmen wird schwer; die Glieder zittern; er seufzt, brüllt, spricht abgebrochen und unvernehmlich, schlägt die Hände einmal über das anderemal zusammen, stampft mit den Füßen; der ganze Körper ist in unruhiger Bewegung und abscheulich anzu-

---

[9] Ich habe anstatt Zorn (im Lateinischen *ira*) gesetzt: *heftiger, ausschweifender Zorn*. Die Stoiker verlangten bekanntermaßen, man soll den Zorn, wie jeden anderen Affekt ausrotten, nicht bloß mäßigen und beherrschen. Es scheint jedoch hier alles auf einen Wortstreit hinauszulaufen. Denn Seneca hat eingestanden, wie man selbst aus dieser Abhandlung sehen wird, daß auch die weisesten Männer oft zornig geworden sind.

sehen. Man weiß nicht, ob man dieses Laster schändlicher oder häßlicher nennen soll. Andere Laster lassen sich doch verbergen; aber der Zorn stellt sich offen dar, und zeigt sich in seiner wahren Gestalt.

Und wie schrecklich sind die Wirkungen, die der Zorn hervorgebracht hat, und täglich hervorbringt! Keine Pest hat dem menschlichen Geschlecht mehr geschadet, als dieses Laster. Es hat nicht nur Städte, sondern auch ganze Länder und Gegenden verwüstet, und ganzen Völkern den Untergang gebracht. Könige und Fürsten haben ihm unterliegen müssen. Der verdientesten und ehrwürdigsten Männer, der nächsten Blutsverwandten hat er nicht geschont.[10]

Man muß allerdings bisweilen strafen; das kann und soll aber ohne Zorn, mit Vernunft geschehen, nicht in der Absicht zu schaden, sondern zu heilen. Man muß hierin den Ärzten nachahmen. Wenn der

---

[10] Anmerkung des Übersetzers: An sich selbst betrachtet ist zwar der Affekt des Zorns nichts Böses; denn er ist nichts anderes als ein heftiger Unwille über empfangene Beleidigungen und über böse, unrechtmäßige Handlungen, die von anderen Menschen begangen werden, wenn wir auch selbst nicht darunter leiden; ein Affekt, der uns, wie alle natürlichen Triebe von dem weisen Schöpfer selbst eingepflanzt worden ist. Wir sollen dadurch angefeuert werden, zur Verhinderung des Bösen unser Möglichstes beizutragen. Wenn daher Vorgesetzte, Hausväter, Lehrer und Freunde über Untugenden und Laster einen starken Unwillen empfinden, denselben durch Mienen und Worte auf eine nachdrückliche Weise an den Tag legen, und dabei keine andere, als die rühmliche Absicht haben, die Lasterhaften so viel möglich zu bessern, so handeln sie recht; Gleichgültigkeit in solchen Fällen würde einen großen Mangel an Einsicht, oder an Gefühl für Wahrheit und Tugend verraten. Ebensowenig ist es unrecht, wenn wir bei offenbaren ungerechten Beleidigungen, die uns zugefügt werden, einen starken Unwillen empfinden, und unsere Ehre zu verteidigen suchen, wenn wir dabei in den gehörigen Schranken bleiben.

Aber sündlich, strafbar ist der Zorn, wenn er in Rachsucht und Begierde andere unglücklich zu machen, ausartet; sich durch Schmähungen, Toben und Wüten äußert; wenn man zürnt, wo man keine vernünftige Ursache hat zu zürnen, und einen unversöhnlichen Haß auf den wahren oder eingebildeten Beleidiger wirft. Nicht ausrotten sollen wir den Affekt des Zorns, denn das ist nicht möglich; wir sollen ihn aber mäßigen, und durch Vernunft und Religion beherrschen.

Arzt zuerst eine unbedeutende Unordnung im Körper des Patienten bemerkt, so läßt er ihn anfangs nicht viel in seiner bisherigen Lebensweise ändern; er schreibt ihm nur eine gewisse Diät vor, und verlangt, daß er sich im Genuß der Speisen und Getränke mäßigen soll. Diese Mäßigung wird vielleicht helfen. Hilft das nicht, so untersagt er ihm einiges; und wenn auch das nichts fruchtet, so verbietet er ihm das Essen, und läßt den Patienten fasten. Wenn gelindere Mittel nichts gefruchtet haben, so schlägt er eine Ader[11]; und wenn einige kranke Glieder den ganzen Leib anstecken würden, so löst er sie ab. Keine Kur ist zu hart, wenn sie heilsame Wirkungen hervorbringt.

So wird auch der Handhaber der Gesetze und der Richter die Gemüter, so lange er kann, mit Worten, und zwar mit gelinden Worten zu überreden suchen, daß sie tun was sie zu tun schuldig sind, das Laster verabscheuen, und den Wert der Tugend erkennen und schätzen. Wo das nicht fruchtet, wird er nachdrücklicher und ernstlicher sprechen, und ihnen Vorwürfe machen, zuletzt wieder zu Strafen, aber zu geringen Strafen fortschreiten. Mit Lebensstrafen wird er nur diejenigen belegen, welche die größten Verbrechen begangen haben. Er wird aber kein Vergnügen an der Strafe irgendeines Menschen finden; er wird nur dadurch andere von ähnlichen Verbrechen abzuschrecken suchen, damit diejenigen, die in ihrem Leben nicht nützen wollten, wenigstens durch ihren Tod ihren Mitmenschen einigermaßen nützlich werden.

Wir sollen den Zorn mäßigen und beherrschen.

Ist das aber möglich? Möglich ist es allerdings; nur muß man die rechten Mittel anwenden, und diese sind von zweierlei Art, nämlich Mittel, wodurch man verhüten kann, daß man sich nicht leicht erzürne, und Mittel, die man anwenden muß, wenn man wirklich aufgebracht ist, damit man sich im Zorn nicht versündige, so wie wir in Ansehung der Sorge für unsere körperliche Gesundheit andere Mittel

---

[11] D. h. einen Aderlaß.

gebrauchen, um Krankheiten vorzubauen, und andere, um vorhandene Krankheiten zu vertreiben.

Eines der vornehmsten Verwahrungsmittel gegen den Zorn ist eine gute Erziehung. Hier ist vor allen Dingen auf das Temperament der Kinder Rücksicht zu nehmen. Menschen von einem hitzigen Temperament sind am meisten zum Zorn geneigt, und die Natur kann man nicht ändern, aber verbessern. Man sollte daher Kindern von solchem Temperament keinen Wein geben, weil die natürliche Hitze dadurch vermehrt wird. Auch sollte man sie mit einer, jedoch nicht zu sehr ermüdenden Arbeit beschäftigen, damit die Wärme zwar vermindert, aber nicht verzehrt werde. Auch Spiele werden nützlich sein; denn ein mäßiges Vergnügen gibt dem Gemüt eine freiere Richtung. Schläfrigen Gemütern wird der Zorn nicht gefährlich; aber bei ihnen sind größere Fehler zu befürchten, übertriebene Furcht, Unentschlossenheit, Verzweiflung und Argwohn.

Solche Gemüter muß man daher sanft und gelinde behandeln, und sie zur Freude ermuntern; anderer Mittel muß man sich gegen den Zorn, anderer gegen die Traurigkeit bedienen. Hierbei ist aber viele Sorgfalt und Aufmerksamkeit nötig, damit man weder zu viel noch zu wenig tue. Läßt man den Kindern zu viele Freiheit, so werden sie stolz; schränkt man sie zu sehr ein, so werden sie niedergeschlagen und mutlos. Durch Lob können sie ermuntert, aber auch zum Übermut verleitet werden. Man muß daher die Mittelstraße halten, bald zurückhalten, bald anspornen. Nichts niederträchtiges, nichts sklavisches darf man an ihnen dulden. Man muß ihnen einige Erholung gestatten, aber nie darf man ihnen Müßiggang und Faulheit erlauben, noch sie verhätscheln. Nichts macht Kinder geneigter zum Zorn als eine zärtliche und weichliche Erziehung. Je mehr man einzigen Söhnen nachsieht, und je mehr Freiheit man ihnen läßt, desto mehr wird ihr Gemüt verdorben. Wenn Kindern nie etwas abgeschlagen worden ist, wenn ihnen die zärtliche Mutter die Tränen abgetrocknet hatte, so oft sie von dem Erzieher gestraft worden waren, so werden sie keine Beleidigung vertragen lernen. Man darf ihnen daher nicht schmeicheln; sie müssen immer bescheiden, und gegen Höhere ehrerbietig sein; nie darf man ihnen geben, was sie mit Ungestüm fordern. Was man ihnen abgeschlagen hatte, wenn sie es mit Weinen erzwingen wollten, das muß man ihnen geben, wenn sie sich ruhig verhalten.

Es ist sehr viel daran gelegen, daß man den Kindern freundliche und sanftmütige Lehrer und Erzieher gebe. Auf zarte Kinder macht alles, was ihnen am nächsten ist, einen tiefen Eindruck; und daher nehmen sie gemeiniglich die Sitten ihrer Ammen und Erzieher an, und richten sich nach ihrem Beispiel. Als ein bei Plato erzogener Knabe, nachdem er wieder zu seinen Eltern gebracht worden war, seinen Vater im Zorn laut aufschreien hörte, sagte er: „Etwas solches habe ich bei Plato nicht gehört." Ohne Zweifel würde er seinem Vater früher nachgeahmt haben als dem Plato. Auch muß man sie an geringe Kost gewöhnen, und darf sie nicht kostbarer kleiden, als andere ihresgleichen. Man muß ihnen alles versagen, was sie zum Stolz verleiten könnte; denn Stolze werden leicht zum Zorn gereizt, wenn man ihnen nicht die Ehre erzeigt, die sie erwarten. – Solche und andere dergleichen Verwahrungsmittel gegen den Zorn sind bei der Erziehung der Jugend anzuwenden.

Was die Verwahrungsmittel betrifft, die man in reiferen Jahren anzuwenden hat, so muß man sich vor allen Dingen bestreben, die Quelle zu verstopfen, aus welcher der Zorn zu entspringen pflegt, und diese ist die Meinung, daß man beleidigt worden sei. Man darf daher nicht leichtgläubig sein, noch für wirkliche Beleidigung halten, was eine Beleidigung zu sein scheint. Denn manches, was wahr zu sein scheint, ist dennoch nicht wahr. Die Zeit offenbart erst die Wahrheit, und diese muß man abwarten.

Oft werden wir zum Zorn gegen Unschuldige gereizt, durch bloßen Argwohn, diesen müssen wir also ganz aus unseren Seelen verbannen.

Jener hat mich nicht freundlich gegrüßt, mich nicht herzlich geküßt, ein angefangenes Gespräch plötzlich abgebrochen, mich nicht zum Gastmahl eingeladen; daraus macht der Argwohn sogleich nachteilige Schlüsse. Wir müssen gütiger urteilen. Wir dürfen in dieser Hinsicht nichts glauben, als was in die Augen fällt, und öffentlich am Tage liegt; und so oft wir wahrnehmen, daß wir einen falschen Verdacht auf jemand geworfen haben, so oft müssen wir unsere Leichtgläubigkeit bestrafen. Denn diese Bestrafung wird die Wirkung hervorbringen, daß wir uns gewöhnen, nicht mehr leichtgläubig zu sein.

Daraus folgt, daß wir uns auch nicht durch Kleinigkeiten dürfen erbittern lassen. Der Bediente verrichtet seine Geschäfte nicht mit der gehörigen Geschwindigkeit; er hat den Tisch nicht ordentlich gedeckt, oder sonst einen unbedeutenden Fehler begangen. Über solche Kleinigkeiten aufgebracht werden, ist Unsinn. Der ist krank, und befindet sich in einem traurigen Gesundheitszustand, dem ein leichtes Lüftchen Frost verursacht. Wenn die Wollust Seele und Körper verdorben hat, so ist dem Menschen alles unerträglich, nicht weil es schwer zu ertragen ist, sondern weil er weichlich ist. Wie ist es möglich, daß mich ein Husten, ein starkes Niesen, oder eine Fliege, die man nicht weggejagt hat, oder ein Hund, der uns begegnet, oder ein Schlüssel, den der Bediente aus der Hand fallen ließ, aufbringen und zum Zorn reizen kann? Wird ein solcher Mensch wirkliche Beleidigungen verschmerzen?

Oft erzürnen wir uns über Dinge, von welchen wir nicht einmal beleidigt werden konnten. Wir werfen z. B. ein Buch aus der Hand, weil es mit zu kleinen Buchstaben oder fehlerhaft geschrieben ist; wir zerreißen ein Kleid, weil es uns mißfällt. Aber wie ungereimt ist es, über Dinge zu zürnen, die unseren Zorn nicht verdienen, die nicht einmal Empfindung haben! Aber diejenigen, die dergleichen verfertigt haben, verdienen doch unseren Unwillen? Erstlich erzürnen wir uns oft, ehe wir an den Unterschied zwischen der Sache und den Verfertiger gedacht haben; und dann wird es auch den Verfertigern selbst nicht an Entschuldigungen fehlen. Der eine konnte es nicht besser machen, als er es gemacht hat, und er hat nicht um deswillen weniger gelernt, weil er dir Verdruß machen wollte; der andere hatte nicht die Absicht dich zu beleidigen. Endlich, welcher Unsinn ist es, seine gesammelte Galle über Menschen und leblose Dinge ausgießen?

Ebenso töricht ist es, wenn man sich über unvernünftige Tiere erzürnt, indem sie gar nicht die Absicht haben können, uns zu beleidigen. Schaden können sie uns wie ein Schwert, oder ein Stein, aber nicht beleidigen. Auch über Kinder und über Menschen, die nicht viel verständiger sind als Kinder, sich erzürnen, ist ungereimt. Denn ein billiger Richter wird alle von ihnen begangene Fehler ihrem Unverstand zurechnen, und sie damit entschuldigen.

Gute Obrigkeiten, Eltern, Lehrer, Richter wollen uns nicht beleidigen, wenn sie uns tadeln oder strafen; ob es uns gleich wehtut, wenn wir unschuldig zu sein glauben. Wenn wir uns die Wahrheit gestehen, und billige Richter sein wollen, so werden wir bekennen müssen, daß kein Mensch unschuldig ist, wenn er es gleich in einzelnen Fällen ist. Du sprichst: „Ich habe nichts Böses begangen"; aber du gestehst nur nichts. Wir werden unwillig, wenn man uns eine Erinnerung gegeben, oder uns gestraft hat, und sündigen zu gleicher Zeit eben dadurch, daß wir bei unseren begangenen Fehlern auch noch stolz und halsstarrig sind. Wer kann sagen, er habe kein einziges Gesetz übertreten? Und wenn es auch wahr wäre, wie eingeschränkt ist eine Unschuld, die nur kein bürgerliches Gesetz übertreten hat! Wie weit größer ist der Umfang der Pflichten, als die Regel des Rechts! Frömmigkeit, Humanität, Freigebigkeit, Gerechtigkeit, Treue und Glauben sind wichtige Pflichten, zu deren Erfüllung viele Anstrengung erfordert wird; aber in den bürgerlichen Gesetzen werden keine Vorschriften hierüber gegeben. Und dennoch haben wir nicht einmal diese vollkommen erfüllt. Wir haben manches, was damit streitet, getan, gedacht, begünstigt.

Wenn wir das bedenken, so werden wir billiger gegen unsere Beleidiger, und nachgiebiger gegen unsere Tadler sein.

Manche tun uns nicht Unrecht; sie vergelten es nur. Andere beleidigen uns freiwillig, andere gezwungen, andere aus Unwissenheit, auch viele von denen, die uns mit Wissen und Willen beleidigen, tun es nicht in der eigentlichen Absicht uns zu beleidigen. Sie wollen sich nur anderen gefällig machen, oder sie haben nicht die Absicht uns zu schaden, sie tun nur manches, was uns nachteilig ist, weil es ihr eigener Vorteil und Nutzen erfordert. Wer sich erinnert, wie oft er selbst in einen falschen Verdacht gekommen, wie oft das Schicksal der Beobachtung seiner Pflichten den Schein einer Beleidigung gegeben, und wie oft er diejenigen, auf welche er einen Haß geworfen hatte, zu lieben angefangen hat, der wird sich nicht leicht erzürnen; insbesondere, wenn er bei gewissen Handlungen, wodurch er sich beleidigt findet, das stillschweigende Bekenntnis ablegen muß: „Solche Fehler habe auch ich begangen." Aber wo wird man einen so billigen Richter finden?

Die Fehler anderer Menschen fallen uns in die Augen; unsere eigenen sehen wir nicht. Eine genaue Selbstprüfung wird uns bescheidener machen, wenn wir nämlich uns fragen, ob wir nicht etwas dergleichen, wodurch wir uns beleidigt finden, selbst getan? Ob wir nicht auf eben die Art geirrt haben? Ob es nicht gut wäre, wenn wir unsere eigenen Fehler mißbilligten und verdammten? Das beste Heilmittel des Zorns ist: Verzug. Verlange anfangs nicht von ihm, daß er verzeihe, sondern nur, daß er urteile; er wird aufhören, wenn er wartet. Versuche es auch nicht, ihn ganz zu unterdrücken, die ersten Regungen sind zu stark; er wird ganz besiegt werden, wenn er nach und nach besänftigt wird.

Wir dürfen den Personen, die uns erzählen, was andere zu unserem Nachteil sollen gesprochen haben, nicht immer Glauben beimessen. Manche wollen uns hintergehen, andere sind hintergangen worden. Ein anderer will sich bei uns einschmeicheln, und erdichtet eine Beleidigung, um uns zu überreden, daß er sich darüber betrübt habe; ein anderer ist boshaft, sucht innige Freundschaften zu trennen, und findet ein Vergnügen daran, wenn er aus der Ferne zusieht, wie getrennte Freunde einander necken. – Aber wie kannst du einen Freund sogleich verdammen, ehe du ihn gehört und gefragt hast, ob auch wahr sei, was man dir von ihm erzählt hat? Willst du ihm zürnen, ehe er erfahren konnte, wer sein Ankläger sei, und was er ihm Schuld gegeben habe? Erst dann, wann du beide Teile gehört hast, wirst du die Wahrheit erfahren. Vielleicht wird der Angeber nicht mehr sagen, was er dir hinterbracht hat, wenn er es beweisen soll. Er wird sagen: „Verlache mich nicht; ich werde nichts gestehen, wenn ich darüber befragt werde. Sonst werde ich dir nichts mehr sagen." Dich hetzt er auf, und sich will er dem Kampf und Streit entziehen. Wer dir etwas nicht anders als heimlich sagen will, der sagt dir beinahe nichts. Was ist unbilliger als insgeheim glauben, und öffentlich zürnen?

Bisweilen wird in unserer Gegenwart etwas gesagt oder getan, was wir für eine Beleidigung halten könnten. Hier müssen wir die Beschaffenheit und den Willen derer, die es tun, in Betrachtung ziehen. Ist es ein Kind? Man verzeihe seinem Alter; es weiß nicht, daß es einen Fehler begeht. Ist es ein Vater? Entweder hat er uns so viel Gutes erwiesen, daß er auch einmal beleidigen darf, oder vielleicht macht er sich eben dadurch, wodurch wir uns beleidigt finden, um uns verdient. Ist es eine Frauensperson? Sie irrt. Ist es ihm befohlen worden? Wer anders als ein Unbilliger wird über den zürnen, der etwas aus Not getan hat? Ist er von dir beleidigt worden? Es geschieht dir nicht Unrecht, wenn du leiden mußt, was du zuerst getan hast. Ist es ein Richter? Unterwirf dich lieber seinem Ausspruch als dem deinigen. Ist es ein König? Wenn er dich wegen einer begangenen bösen Tat bestraft, so unterwirf dich der Gerechtigkeit; bestraft er dich, da du doch unschuldig bist, so unterwirf dich dem Schicksal. Ist es ein unvernünftiges Tier, oder ein Mensch, der nicht viel vernünftiger ist als ein Tier? Du ahmst ihm nach, wenn du dich über ihn erzürnst. Ist es ein rechtschaffener Mann, der dich beleidigt hat? Glaube es nicht. Ist es ein böser Mensch? Wundere dich nicht. Er wird von einem anderen bestraft werden, wenn er von dir nicht bestraft wird; und er hat sich schon selbst bestraft, indem er gesündigt hat.

„Aber mit dem Zorn", spricht man, „ist doch auch ein Vergnügen verbunden; die Rache ist süß." – Nein, sie ist etwas Schändliches, und erniedrigt den Menschen. Beleidigungen verachten ist Merkmal eines großmütigen Mannes. Derjenige ist groß und edel, der gleich einem großen Tier das Bellen kleiner Hunde ruhig anhört. Auch müssen wir bedenken, wie rühmlich es für uns ist, wenn wir in dem Ruf einer milden Denkungsart stehen, und wie viele nützliche Freunde Verzeihung begangener Fehler gemacht hat. Wenn es uns schwer wird zu verzeihen, sollten wir uns doch fragen, ob es gut sein würde, wenn alle Menschen unerbittlich wären? Wie oft bittet der um Verzeihung, der sie anderen versagt hat! Was ist rühmlicher als Zorn mit Freundschaft vertauschen? Zürnt jemand? Suche ihn mit Wohltaten zu gewinnen. Wenn wir den, der uns beleidigt hat, wieder beleidigen, so geben wir ihm Gelegenheit zu neuen Beleidigungen, und so werden wir nie zur Ruhe kommen. Der Zorn schadet denen, die sich von ihm beherrschen lassen selbst am meisten. Viele sind aus Zorn rasend geworden, oder haben sich dadurch empfindliche Krankheiten zugezogen, oder haben sich wohl zu Tode geärgert.

Zu den Mitteln, wodurch wir in den Stand gesetzt werden können, dem Zorn teils vorzubauen, teils ihn zu mäßigen und zu beherrschen, gehört zuerst Selbstkenntnis und Aufmerksamkeit auf uns selbst. Wir müssen unsere Krankheit kennen, wissen was dasjenige ist, wodurch wir am leichtesten zum Zorn gereizt werden. Der eine ist stolz auf seinen Adel, ein anderer auf seine Schönheit. Einer will für den Artigsten, der andere für den Gelehrtesten gehalten sein. Dieser kann den Stolz, jener eine Schmähung nicht vertragen; dieser hält es nicht der Mühe wert, sich über eine Bedienten zu erzürnen; jener ist in seinem Haus ein

Tyrann, und in Gesellschaften sanft. Dieser wird unwillig, wenn man ihn bittet; jener hält es für eine Beschimpfung, wenn man ihn nicht bittet. Du mußt daher deine schwache Seite kennen, um sie zu verwahren und dich nicht bloßzustellen.

Willst du dich vor Zorn bewahren? Sei nicht neugierig. Wer nachforscht, was man zu seinem Nachteil insgeheim geredet habe, der beunruhigt sich selbst. Es ist oft besser gar nicht zu wissen, was andere von uns sprechen. Manche üble Nachreden muß man verlachen, andere verzeihen, das meiste in einen Scherz verwandeln. Man sagt von dem Sokrates, da ihm einst ein Backenstreich gegeben worden, er habe weiter nichts erwidert, als die Worte: „Es ist doch unangenehm, daß die Menschen nicht wissen, wann sie mit einem Helm ausgehen sollen." Es kommt nicht darauf an, wie man beleidigt worden, sondern wie man die Beleidigung vertragen habe.

Aber wenn wir nun bereits wider unseren Willen in Zorn geraten sind; wie haben wir uns da zu verhalten? Wenn wir auch die ersten Aufwallungen des Zorns nicht verhindern können, so können wir doch die Ausbrüche desselben verhindern. Wir können an uns halten. Wir können es uns zum unverbrüchlichen Gesetz machen, in der ersten Hitze nichts weder zu sagen noch zu tun, und das sollen wir. Nicht bloß am folgenden Tag, sondern in der folgenden Stunde wird sich der Zorn vermindern. Wir werden uns besinnen, urteilen, untersuchen, ob es der Mühe wert war, oder ob wir gerechte Ursache hatten zu zürnen? Einst hatte sich Plato über seinen Sklaven so erzürnt, daß er in der ersten Hitze sich nicht enthalten konnte, ihn mit eigener Hand zu züchtigen. Er hatte die Hand schon aufgehoben; aber in dem Augenblick besann er sich, daß er zornig war, und hielt inne. Ein Freund kam dazu, sah, wie er die Hand noch aufgehoben halte, und fragte ihn, was er da mache? „Ich strafe", antwortete er, „einen zornigen Mann." Er vergaß den Sklaven, und züchtigte sich selbst. „Komm", sprach er zu einem anderen, „und züchtige mir diesen Sklaven; denn ich bin zornig;

ich würde ihn härter strafen, als er es verdient." Der Sklave soll nicht in der Gewalt desjenigen sein, der seiner selbst nicht mächtig ist.

Das wird uns zwar schwer ankommen; aber wir müssen uns anstrengen, uns selbst beherrschen. Es war ein Zeichen, daß Sokrates zornig war, wenn er leise und wenig sprach. Man merkte, daß er mit sich selbst kämpfte. Seine Freunde gaben ihm deshalb Verweise, und es war ihm nicht unangenehm, daß man ihm wegen seines geheimen Zorns Vorwürfe machte. Warum hätte er sich nicht freuen sollen, daß zwar viele seinen Zorn bemerkten, aber niemand ihn fühlte? Es würden ihn aber andere gefühlt haben, wenn er seinen Freunden nicht die Erlaubnis gegeben hätte, ihm Verweise zu geben, so wie er sich die nämliche Freiheit gegen seine Freunde herausgenommen hatte. Sollten wir nicht das Nämliche tun? Wir wollen jeden unserer dessen Freunde bitten, daß er sich seiner Freiheit gegen uns alsdann am meisten bediene, wenn wir sie am wenigsten vertragen können, und unseren Zorn nicht billige.

Wenn es auch nicht immer möglich ist, die ersten Anfälle des Zorns zu verhüten, so können wir ihn doch mäßigen; wir können uns auch von Gegenbeleidigungen enthalten. Es ist weit besser, den Beleidiger bessern, oder besänftigen, als uns an ihm rächen. Die Rache nimmt uns viele Zeit weg; sie setzt sich vielen Beleidigungen aus, indem nur eine schmerzt. Wir alle zürnen länger als wir beleidigt werden; wieviel besser wäre es, wenn wir das Gegenteil täten, anstatt daß wir Fehler mit Fehlern häufen? – Du zürnst

bald über diesen, bald über jenen, bald über deine Eltern, bald über deine Kinder, bald über deine Hausgenossen, bald über einen deiner Mitbürger. Unglücklicher! O wieviel schöne Zeit verdirbst du in einer so bösen Sache. Wieviel besser wäre es, dir Freunde zu erwerben, Feinde zu besänftigen, dein Hauswesen zu besorgen, als darauf zu denken, wie du einem anderen schaden könntest, insbesondere, da du dies Letztere ohne Kampf und Gefahr nicht tun kannst, gesetzt auch, daß du es mit einem Menschen von geringerem Stand zu tun hättest! Bald kann der Schmerz, bald ein Zufall den Schwächsten dem Stärksten gleichmachen. Nichts ist von Natur so schwach, daß es ohne alle Gefahr des Zerstörenden zerstört werden könnte.

Um unseren Zorn zu beherrschen, und uns vor Rachsucht zu bewahren, wird es sehr nützlich sein, daß wir bedenken, wie viele Fehler wir selbst noch an uns haben, und uns an jedem Abend selbst zur Rechenschaft fordern. Dies pflegte der Weltweise Sextius zu tun. Am Ende des Tages, ehe er sich zur Ruhe begab, fragte er sich: „Hast du heute eines von den Übeln deiner Seele geheilt? – Welchen Fehlern hast du widerstanden? – Inwiefern bist du besser geworden?" Der Zorn wird aufhören, und wird gemäßigter werden, wenn er weiß, daß er täglich vor seinem Richter erscheinen muß. Was ist also schöner als die Gewohnheit, täglich zu untersuchen, wie man den Tag zugebracht habe? Wie sanft und ruhig kann man schlafen, wenn das Gemüt nach einer genauen Selbstprüfung gelobt oder erinnert worden ist, und als ein geheimer Beobachter und Richter das Urteil über seine Sitten ausgesprochen hat! Ich bediene mich dieser Erlaubnis, und ziehe mich täglich zur Verantwortung. Wenn des Abends das Licht hinweggetragen worden ist, und meine Frau, die meine Gewohnheit weiß, geschwiegen hat, da forsche ich, was ich den ganzen Tag über getan und geredet habe. Ich verberge mir nichts; denn warum sollte ich meine Verirrungen fürchten, da ich sagen kann: „Tue das nicht mehr; diesmal verzeihe ich dir. – Bei jener Unterredung hast du zu heftig gesprochen; laß dich in Zukunft mit unwissenden Menschen in keinen Streit ein. Wer nie gelernt hat, der will nicht lernen. – Jenem hast du die Wahrheit mit zu derben Worten gesagt; du hast ihn daher nicht gebessert, sondern beleidigt. Künftighin prüfe, nicht nur, ob das wahr sei, was du sagst, sondern auch ob derjenige, dem du es sagst, die Wahrheit vertragen könne."

Endlich wird auch die oft wiederholte Erinnerung an den Tod ein kräftiges Mittel sein, den Zorn zu beherrschen. Jeder sage zu sich selbst: „Was nützt es, daß wir, eben als ob wir ewig auf Erden leben würden, einmal über das anderemal zürnen, und die so kurze Lebenszeit verschwenden? Was nützt es, die Tage, die wir zu einem erlaubten Vergnügen anwenden könnten, zum Kummer und zur Qual eines anderen zu verrücken? Warum eilen wir in den Streit? Warum fordern wir einander zu Kämpfen auf? Warum wollen wir, unserer Schwachheit uneingedenk, den unversöhnlichen Haß und die Feindschaft unserer Nebenmenschen auf uns laden? Bald wird ein Fieber oder eine andere körperliche Krankheit uns verhindern, unsere Feindseligkeiten fortzusetzen. Bald wird der dazwischenkommende Tod das erbittertste Paar trennen. Warum willst du nicht lieber das kurze Leben dir und anderen angenehm, dich, so lange du lebst, jedermann liebenswürdig machen? Dich nicht so verhalten, daß man deiner nach deinem Tode mit Ehren gedenken kann? Wir wollen doch die kurze Zeit, die wir noch zu leben haben, ruhig und friedlich zubringen."

Oft macht eine in der Nachbarschaft entstandene Feuersbrunst dem Zank streitsüchtiger Menschen ein Ende; und die Dazwischenkunft eines wilden Tiers reißt den Straßenräuber und den Wanderer voneinander. Man hat keine Zeit mit geringeren Übeln zu kämpfen, wenn größere drohen. Warum wollen wir streiten, und einander hinterlistig nachstellen? Wünschst du deinem Feind mehr als den Tod? Er wird auch ohne dich sterben. Du gibst dir vergebliche Mühe, du willst bewirken, was ohnehin geschehen wird. „Nein", sprichst du, „ich will ihn nicht ermorden; nur beschimpfen will ich ihn, nur schaden will ich ihm." Allein ich verzeihe lieber dem, der seinem Feind eine Wunde, als dem, der ihm ein hitziges Geschwür anwünscht. Denn ein solcher verrät nicht nur ein böses, sondern auch ein niederträchtiges Gemüt. Du magst dir nun die härtesten oder geringeren Strafen denken, wie eine kleine Zeit wird jener durch seine Bestrafung gequält, oder wie kurz ist deine boshafte Freude über die Strafe eines anderen? – So lange wir unter Menschen sind, wollen wir die Menschheit ehren; wir wollen keinem furchtbar noch gefährlich sein. Schäden, Beleidigungen, Schmähungen, Neckereien wollen wir verachten, und kurze Übel großmütig ertragen. Indem wir zurücksehen, und wie man zu sagen pflegt, uns umwenden, wird uns schon der Tod übereilen.

III.

Von der Vorsehung.

WER sich von der Gewißheit einer alles regierenden Vorsehung überzeugen will, der darf nur die Natur mit Aufmerksamkeit und Nachdenken betrachten. Ein so großes Werk, wie die Welt ist, kann unmöglich ohne einen Aufseher und Regierer in seiner Ordnung erhalten werden. Betrachte nur die unzählige Menge der Gestirne am Himmel von der verschiedensten Größe. Sie haben seit Jahrtausenden ihren ordentlichen Lauf behalten, und keiner hat den anderen in seiner Bahn gestört. Würde nicht bisweilen einer an den anderen angestoßen sein, wenn sie dem bloßen Zufall überlassen wären? Betrachte die Erde mit ihren unzähligen, leblosen und lebenden, vernünftigen und unvernünftigen Geschöpfen, und die täglichen Veränderungen, die auf derselben vorgehen. Alle diese Veränderungen erfolgen nach einer gewissen Ordnung, und werden so geleitet und eingeschränkt, daß gewisse Zwecke und Absichten dadurch erreicht werden. Kann aber eine ordentliche, zweckmäßige Einrichtung das Werk des Zufalls sein? Muß sie nicht von einem verständigen Wesen veranstaltet werden? Dergleichen zweckmäßige Einrichtungen entdecken wir allenthalben. Regen und Sonnenschein, warme und

kalte Witterung, Erdbeben, Sturmwinde, Überschwemmungen, und die fürchterlichsten Ereignisse müssen zur Erhaltung, zur Ernährung und zum Wohl der Lebendigen das Ihrige beitragen. Aus allen scheinbaren Unordnungen geht immer wieder Ordnung, aus Zerstörungen neues Leben hervor. Bei allen den Verwüstungen, welche einzelne Teile und Gegenden des Erdbodens durch fürchterliche Naturbegebenheiten, und durch Wut und Bosheit der Menschen erlitten haben, und noch immer leiden, ist er doch immer ein bequemer Wohnplatz für alle Arten lebendiger Geschöpfe geblieben, und ist es noch bis diese Stunde. Erdbeben, Stürme, Ungewitter und verheerende Kriege dürfen nicht immerfort wüten; es wird ihnen zu rechter Zeit ein Ziel gesetzt, und dann müssen sie in ihren Folgen ersprießlich sein. Die Natur behält stets ihren Reichtum, und nie fehlt es an den nötigen Nahrungsmitteln für Menschen und Tiere, wenn nicht Menschen selbst durch Habsucht, Geiz und Wucher Mangel verursachen. Würde dies alles möglich sein, wenn nicht diese und andere dergleichen Veränderungen von einem höchstweisen und gütigen Wesen zum Wohl des Ganzen und aller einzelnen Geschöpfe geleitet würden?

Doch, ich will dies jetzt nicht weiter ausführen; denn du zweifelst nicht an der Vorsehung; du beklagst dich nur über sie. Du fragst nämlich: „Wenn eine Vorsehung ist, ohne deren Wissen, Zulassung und Willen nichts in der Welt geschehen kann, wie kommt es denn, daß oft die besten und edelsten Menschen so vielen Leiden und Widerwärtigkeiten unterworfen sind?" Ich will dich daher mit der Gottheit, welche gegen gute Menschen, nicht anders als höchstgütig gesinnt sein kann, aussöhnen. Denn es wäre gegen die Natur, wenn der Gute dem Guten schaden könnte. Durch die Tugend wird aber zwischen Gott und tugendhaften Männern Freundschaft gestiftet. Was sage ich Freundschaft? Auch Verwandtschaft und Ähnlichkeit. Denn der Tugendhafte ist ein Schüler, ein Nacheiferer Gottes, und sein wirklicher Sohn. Jener erhabene Vater fordert aber eine strenge Tugend, und darum gibt er jedem seiner Lieblinge, so wie strenge Väter zu tun pflegen, eine harte Erziehung. Er hält ihn nicht zärtlich; er prüft ihn, härtet ihn ab, und bereitet ihn zu großen Dingen vor.

Du fragst, warum guten, tugendhaften Männern so viel Böses widerfährt? Dem Guten kann nichts Böses widerfahren. Entgegengesetzte Dinge lassen sich nicht miteinander vermischen. Gleichwie so viele Flüsse, so viele Platzregen, so viele Wasser der Gesundbrunnen den Geschmack des Seewassers nicht verändern, ja nicht einmal vermindern; so kann die Gewalt äußerlicher Dinge den Mut des tapferen Mannes nicht verändern. Er steht fest, und allem, was sich zutragen mag, gibt er seine Farbe. Denn er ist mächtiger als alle Außendinge. Ich sage nicht, daß er sie nicht fühle; aber er überwindet sie, und so ruhig und sanft er sonst ist, so zeigt er doch einen hohen Mut gegen alles was gegen ihn anläuft. Alle Widerwärtigkeiten hält er für Übungen. Welcher rechtschaffene Mann fühlt nicht einen starken Trieb zur Arbeit? Ist nicht bereitwillig Pflichten zu erfüllen, die mit Gefahr verbunden sind? Welchem Fleißigen ist nicht Langeweile eine Strafe? Die Tapferkeit des Kriegers erschlafft, wenn er mit keinem Gegner zu kämpfen hat. Dann erst zeigt er, was er vermag und ausrichten kann, wenn er Gelegenheit findet, Mut, beharrliche Standhaftigkeit zu beweisen. So verhält es sich auch mit tugendhaften Menschen. Alsdann erst können sie beweisen, was sie vermögen, wenn sie mit Schwierigkeiten und Gefahren zu kämpfen haben, wenn sie vor keiner Gefahr erschrecken, sich nie über das Schicksal beklagen, mit allem was sich zuträgt, zufrieden sind, und einen nützlichen Gebrauch davon machen. Es kommt nicht darauf an, was, sondern wie man es erträgt. Gott ist gegen tugendhafte Männer väterlich gesinnt, und seine Liebe gegen sie ist groß. „Durch Arbeiten", spricht er, „durch Schmerzen und Ungemach will ich sie üben, damit sie recht stark werden."

Die harten Schicksale, die ihnen begegnen, dienen zu ihrem Besten. „Wie", sprichst du, „in Armut geraten, Weib und Kinder begraben lassen, geschmäht werden, krank sein, das soll für sie etwas Gutes sein?" Wenn du dich wunderst, daß etwas dergleichen gut für sie sein könne, so wirst du dich auch wundern, daß manche Kranke durch Hunger und

Durst und bittere Arzneien kuriert werden. Wenn du aber bedenkst, daß manchen Beine abgenommen, Adern geöffnet, Glieder abgelößt werden, welche ohne das Absterben des ganzen Körpers nicht daran bleiben durften, so wirst du mir auch einräumen, daß manche Übel gut für diejenigen sein können, welchen sie begegnen. Niemand scheint unglückseliger zu sein, als ein Mann, dem nie etwas Widriges zugestoßen ist; denn er hat keine Gelegenheit gehabt, seine Kräfte zu prüfen. Du glaubst ein großer Mann zu sein; aber wie kann ich wissen, daß du es wirklich bist, wenn dich das Schicksal noch nicht veranlaßt hat, Beweise deiner Tugend zu geben? Ich halte dich für elend, weil du niemals unglücklich gewesen bist, und dein Leben ohne Gegner zugebracht hast. Niemand kann wissen, was du vermagst; nicht einmal du selbst kannst es wissen. Denn um sich selbst kennenzulernen, muß man Proben abgelegt haben; ohne Versuche kann niemand erfahren was er vermag. Wie kann ich wissen, wie du dich in dürftigen Umständen verhalten würdest, wenn du immer reich gewesen bist? Wie kann ich wissen, ob du Schmähungen, üble Nachreden, Haß und Feindschaft standhaft ertragen kannst, wenn du unter lauter Lob und Beifall alt geworden bist? Wie kann ich wissen, wie gelassen du den Tod deiner Kinder ertragen würdest, wenn du sie noch alle am Leben siehst? Unglück gibt Gelegenheit zur Ausübung der Tugend.

Hierzu kommt, daß jeder Rechtschaffene auch für andere kämpft und arbeitet. Gott und der Weise haben die nämliche Absicht. Sie wollen zeigen, daß die Dinge, wonach der große Haufe trachtet, und die er fürchtet, an sich weder gut noch böse sind, und daß es auf den Gebrauch ankommt, den man von Reichtum, Ehre und äußerlichen Vorzügen macht. „Es ist aber doch unbillig“, sagt man, „daß der Tugendhafte krank ist, oder erschossen wird, oder in Gefangenschaft gerät, da indessen schlechte Menschen mit unverletztem Körper, frei herumgehen und gute Tage haben.“ Was weiter? So wirst du auch fragen: „Ist es nicht unbillig, daß tapfere Männer die Waffen ergreifen, im

Lager übernachten, und mit verbundenen Wunden vor dem Wall stehen, da indessen die Leute in der Stadt sicher sind, und sich ihren unkeuschen Lüsten überlassen?" Der Senat ist oft den ganzen Tag über beschäftigt, da indessen jeder schlechte Mensch entweder auf dem Feld spazieren geht, oder in der Schenke sitzt, oder seine Zeit in einer Gesellschaft zubringt. So verhält es sich auch in dieser großen Republik. Rechtschaffene Männer müssen sich immer mit wichtigen Arbeiten beschäftigen, immer mit Not und Ungemach kämpfen, und sie tun es willig. Sie werden nicht von dem Schicksal fortgeschleppt, sie folgen ihm mit gleichen Schritten. „Gott", spricht der Weise, „willst du mir meine Kinder nehmen? Ich habe sie dir erzogen. Willst du einen Teil meines Körpers? Nimm ihn hin. Willst du ihn ganz? Augenblicklich werde ich ihn verlassen. Willst du meinen Geist? Warum nicht? Ich will nicht zaudern, dir wieder zu geben, was du mir gegeben hast. Gerne will ich dir geben, was du von mir verlangst. Ich werde nicht gezwungen; ich tue nichts wider meinen Willen. Ich gehorche Gott nicht wie ein Sklave, sondern ich stimme mit ihm überein, um so mehr, da ich weiß, daß alles nach einem bestimmten, ewig geltenden Gesetz erfolgt. Es ist schon längst bestimmt, wie oft ich mich freuen, wie oft ich weinen soll." So verschieden die Schicksale der Menschen zu sein scheinen, so endigen sie sich doch zuletzt auf gleiche Weise. Wir verlassen alles was vergänglich ist, und sterben. Was zürnen wir also? Was klagen wir? Dazu sind wir bestimmt. Die Körper gehören der Natur; sie mag sich ihrer nach ihrem Gutdünken bedienen. Wir wollen freudig und herzhaft bei allem, was uns begegnet, bedenken, daß wir von dem, was unser wahres Eigentum ist, nichts verlieren. Wegen des notwendigen Zusammenhangs der Dinge kann Gott den Tugendhaften nicht mit allen Übeln und Widerwärtigkeiten verschonen. Er müßte die Ordnung der Natur aufheben; und das wäre seiner Weisheit ganz entgegen.

Tugendhafte müssen oft harte Schicksale erdulden, damit sie auch andere Menschen dergleichen erdulden lehren. Sie sind dazu geboren, ihnen ein Muster zu geben, wonach sie sich bilden sollen. Stellt euch vor, als ob Gott sagte: „Was berechtigt euch über mich zu klagen? Ich habe euch das Beste, Wohlgefallen am Guten gegeben. Jene haben Gold und Silber; aber in ihrem Innern ist nichts Gutes. Ihr haltet sie für glückselig; wenn ihr aber in das Verborgene ihrer Herzen sehen könntet, so würdet ihr wahrnehmen, daß sie elend, unrein, häßlich, ihren Wänden ähnlich, nur äußerlich geschmückt sind. Sie haben sich keiner beständigen und echten Glückseligkeit zu erfreuen. Euch habe ich wahre und bleibende Güter gegeben; je mehr ihr sie von allen Seiten betrachtet, desto größer und wichtiger werden sie euch erscheinen. Ich habe euch erlaubt zu verachten, was andere fürchten, böse Begierden zu verabscheuen. Ihr glänzt nicht von außen; eure Güter sind gegen das Innere zu gekehrt. Des Glücks nicht bedürfen ist eure Glückseligkeit. Weil ich euch manchen traurigen und harten Schicksalen nicht entziehen konnte, habe ich eure Seelen gegen alles bewaffnet. Verachtet die Armut; niemand lebt so arm als er geboren ist. Verachtet den Schmerz; er wird bald aufhören, oder den Tod herbeiführen. Verachtet das Schicksal; ich habe ihm keinen Pfeil gegeben, womit er eure Seele verwunden kann. Verachtet den Tod; er führt euch in ein besseres Leben."

IV.
Von der Kürze des menschlichen Lebens.

DIE meisten Menschen klagen über die Kürze des menschlichen Lebens, daß es so schnell dahineile, und daß die meisten, mit Ausnahme weniger, das Leben verlassen müssen, ehe sie sich zum Leben vorbereitet haben. Nicht nur der große unverständige Haufe beseufzt dieses vermeinte allgemeine Übel; auch berühmte Männer haben diese Klage geführt. Daher sagte der berühmteste unter den alten Ärzten: „Das Leben ist kurz, die Kunst ist lang." Allein es ist uns keine kurze Zeit zugemessen, sondern wir verderben viele Zeit. Das Leben ist lange genug, und wir könnten wichtige Geschäfte während desselben vollenden, wenn wir es recht anwenden wollten. Wenn es aber unter Zerstreuungen, Schwelgerei und Üppigkeit dahinfließt, wenn es zu keinem nützlichen Geschäft angewendet wird, so merken wir erst durch die äußerste Not gedrungen, daß es vorbei ist. So ist es. Wir haben kein kurzes Leben empfangen, wir haben es dazu gemacht. Wir sind nicht arm daran, sondern wir gehen verschwenderisch damit um. Gleichwie große und königliche Reichtümer, wenn sie einem schlechten Herrn anheimfallen, in kurzer Zeit verschwendet werden, mittelmäßige hingegen, wenn sie einem guten Hauswirt übergeben werden, durch den guten Gebrauch derselben zunehmen; so wird auch unser Lebensalter dem, der es gut einrichtet, gleichsam verlängert.

Was beklagen wir uns über die Natur? Sie hat sich gütig gegen uns bewiesen. Das Leben ist lang, wenn man es zu gebrauchen weiß. Das geschieht aber selten. Den einen beherrscht unersättlicher Geiz; ein anderer wendet den mühsamsten Fleiß auf überflüssige, unnütze Arbeiten; ein anderer ist der Trunkenheit ergeben; ein anderer ist faul und träge; einen anderen macht sein von fremden Urteilen abhängender Ehrgeiz verdrossen und untätig. Die meisten sind leichtsinnig, haben kein gewisses Ziel, wonach sie streben, unternehmen bald dies, bald jenes, und werden nie einig mit sich selbst. Von ihren Lastern gefesselt, und an ihre Begierden geheftet, können sie sich nie entschließen, sich um Wahrheit zu bekümmern. Sie können nie zu sich selbst kommen; und wenn auch bisweilen zufälligerweise äußerliche Ruhe eintritt, so wird doch ihr Inneres wie von Meereswellen hin und her getrieben, und ihre Begierden lassen ihnen keine Ruhe.

Wie viele Zeit wird nicht mit unnötigen Besuchen und Gegenbesuchen, mit beständigem Herumtreiben in Gesellschaften, mit Spielen, mit Teilnahme an fremden Händeln, wozu man keinen Beruf hat, verdorben! Welch eine Verblendung! Niemand läßt sich seine Landgüter von einem anderen wegnehmen; wenn nur ein Streit, wegen der Grenzen entsteht, so nimmt man seine Zuflucht zu den gewaltsamsten Mitteln, um sein Recht zu verteidigen; aber seine Zeit läßt man sich von anderen wegnehmen, ja man macht sie so gar freiwillig zu künftigen Besitzern derselben. Niemand will sein Geld mit anderen teilen; aber mit vielen Menschen teilen manche ihre Lebenszeit. Sie sind eifrig darauf bedacht ihr Erbgut zu erhalten; so bald es aber auf Zeitverlust ankommt, da sind sie äußerst verschwenderisch mit dem, womit geizig zu sein die größte Ehre bringt. Du hast vielleicht die höchste Stufe des menschlichen Alters erreicht; du bist 100 und mehrere Jahre alt geworden. Wohlan, berechne nun dein Alter. Sage wie viele Zeit dir die Zänkereien mit deiner Frau, die Verdrießlichkeiten mit deinen Dienstboten, die Höflichkeitsbesuche weggenommen haben. Rechne dazu die Krankheiten, die wir uns selbst zugezogen haben, die Anschaffung solcher Dinge, von welchen man keinen Gebrauch macht; du wirst einsehen, daß du weniger Jahre hast als du zählst. Erinnere dich, wie selten du deine Tage so zugebracht hast, wie du dir vorgenommen hattest, wie selten du dir gleichgeblieben bist, wieviel Gutes du unterlassen hast, was du in so langer Zeit hättest tun können, wie viele Menschen dir deine Lebenszeit geraubt haben, ohne daß du deinen Verlust gefühlt hättest; wie viele Zeit dir vergeblicher Kummer, törichte Freude, ausschweifende Begierde, schmeichelhafter Umgang weggenommen haben; dann wirst du einsehen, wie wenig dir von dem, was dir zugehörte, übrig geblieben ist, und daß du zu frühzeitig stirbst.

Woher kommt das? Ihr lebt nicht anders, als ob ihr ewig auf Erden leben würdet; aber nie erinnert ihr euch an eure Sterblichkeit. Ihr werdet nicht gewahr, wie viele Zeit schon verflossen ist; ihr verschwendet sie, als ob sie noch ganz und im Überfluß vorhanden wäre, da indessen eben derselbe Tag, den ihr einem Menschen, oder einer Sache geschenkt habt, euer letzter ist. Alles was ihr habt, besitzt ihr als Sterbliche, gleichsam nur auf Tage und Stunden, müßt es bald verlieren oder verlassen, und gleichwohl wünscht ihr es mit einer solchen Begierde, und trachtet danach mit einem so großen Eifer, als ob ihr es gleich Unsterblichen ewig besitzen würdet. Manche sprechen: „Nach meinem 50sten Jahr will ich mich in den Ruhestand versetzen; das 60ste Jahr wird mich von zerstreuenden Geschäften freilassen." Und wer ist dir denn Bürge für ein längeres Leben? Wer wird denn das so gehen lassen, wie du es angeordnet hast? Schämst du dich nicht, die Hefe deines Alters für dich aufzubewahren, und bloß die Zeit zu deiner Besserung zu bestimmen, welche zu nichts anderem angewendet werden kann? Wieviel zu spät ist es doch, alsdann erst anfangen zu leben, wenn man aufhören muß zu leben! Welch ein törichtes Vergessen der Sterblichkeit, wenn man vernünftige Überlegungen bis in sein 50stes oder 60stes Jahr verschieben, und das Leben von da anfangen will, wohin es wenige gebracht haben?

Unter allen denen, die ihr Leben unnütz verschwenden, sind Wollüstlinge, dem Trunk und der Völlerei ergebene, die schändlichsten. Denn niemand beschäftigt sich auf eine schändlichere Art. Andere, wenn sie auch an dem Trugbild des Ruhms ihr Vergnügen finden, irren doch auf eine Art, die einen guten Schein hat. Geizige, Streitsüchtige, Unversöhnliche sündigen doch als Männer; aber das Laster der Verschwender und Wollüstlinge ist äußerst verächtlich. Sie beschäftigen sich mit lauter Kleinigkeiten und nichtswürdigen Dingen, bringen ihr Leben in beständigen Zerstreuungen zu, und sind zu ernsthaften Arbeiten und Geschäften unfähig. Ein Mensch, der in beständigen Zerstreuungen lebt, vermag nichts weniger als zu leben. Nichts ist schwerer als diese Wissenschaft. Manche Gelehrte glauben schon in ihrer Jugend die Kunst zu leben so gut begriffen zu haben, daß sie auch die Regel geben könnten: *Man muß in seinem ganzen Leben lernen, wie man leben soll*; und worüber man sich vielleicht noch mehr wundern möchte: *Man muß in seinem ganzen Leben lernen wie man sterben soll*. So viele große Männer, die alle Hindernisse beseitigt, Reichtümern, Ämtern und Vergnügungen entsagt hatten, haben sich einzig und allein bis in ihr höchstes Alter angelegen sein lassen zu lernen, wie man leben soll, und doch haben viele unter ihnen gestanden, daß sie es noch nicht wüßten, und sind so gestorben. Vielweniger werden es jene wissen, die in beständigen Zerstreuungen leben. Nur ein großer, über alle menschlichen Irrtümer erhabener Mann kann es so weit bringen, daß er sich nichts von seiner Zeit nehmen läßt. Daher ist das Leben desjenigen das längste, der ihr die ganze Dauer desselben gewidmet hat. Denn als ein äußerst sparsamer Verwalter seiner Zeit findet er nichts, was er für würdig hält, mit derselben zu vertauschen. Niemand ist bloß um deswillen alt zu nennen, weil er graue Haare und Runzeln hat. Wenn er seine Zeit nicht gut angewendet hat, so hat er nicht lange gelebt; er hat nur lange existiert.

Unser Leben wird in drei Zeiten eingeteilt, in die gegenwärtige, vergangene und zukünftige. Die gegenwärtige ist kurz, die künftige ungewiß, die vergangene gewiß. Denn über diese hat das Schicksal ihr Recht verloren; sie kann auf keine Weise zurückgerufen werden; und diese ist für geschäftige Müßiggänger verloren; denn sie erinnern sich höchst ungerne an die Zeit, die sie schlecht zugebracht haben, und können sich nie entschließen, ernstlich darüber nachzudenken. Nur derjenige, der sein Leben unter einer strengen Selbstprüfung zugebracht, und unaufhörlich an seiner Besserung gearbeitet hat, erinnert sich gerne an das Vergangene. Dies ist der heilige und Gott geweihte Teil unserer Zeit, der über alle menschlichen Zufälle hinweg, der Herrschaft des Schicksals entnommen ist, dem weder Mangel, noch Furcht, noch Krankheit, Unruhe und Qual verursacht. Diese Zeit kann weder getrübt noch entrissen werden; man besitzt sie stets und ohne Furcht. Die Gemüter der geschäftigen Müßiggänger sind gleichsam unterjocht; sie können sich nicht regen und in das Vergangene zurückschauen. Ihre Lebenszeit ist verloren. Die gegenwärtige Zeit ist so äußerst kurz, daß sie von manchen für nichts geachtet wird; denn sie ist im beständigen Fluß, und hört auf ehe sie gekommen ist; und bloß für Beschäftigte gehört die gegenwärtige Zeit.

Willst du wissen, wie kurz das Leben mancher Menschen ist? Erwäge nur wie heftig sie lange zu leben wünschen. Abgelebte Greise wollen sich durch Gelübde noch einige Jahre erbetteln. Sie geben sich für jünger aus als sie sind, und indem sie sich mit der Lüge täuschen, glauben sie auch das Schicksal täuschen zu können. Wenn sie aber durch körperliche Schwäche an ihre Sterblichkeit erinnert worden sind, da sind sie vor Schrecken wie tot, als ob sie nicht aus dem Leben herausgehen, sondern hinausgezogen werden sollten. Nun bejammern sie ihre Torheit, daß sie das Leben nicht genossen, und nehmen sich vor in Ruhe zu leben, wenn sie von dieser Krankheit genesen würden. Dann sehen sie ein, wie vergeblich ihr Bemühen war, Reichtum zu erwerben, ohne ihn zu genießen, und wie unnütz alle ihre bisherige Arbeit und Mühe gewesen ist.

Das Leben mancher Menschen kann mit Recht eine müßige Geschäftigkeit (geschäftiger Müßiggang) genannt werden. Sie wollen ihr Leben in Ruhe zubringen; aber sie mögen sich auf einem Landgut, oder mitten in einer Einöde aufhalten, oder auf ihrem Sofa sitzen, überall sind sie sich selbst beschwerlich. Oder glaubst du, daß diejenigen ruhig leben, die überall herumlaufen, etwas Neues zu sehen und zu hören, die stundenlang zwischen dem Kamm und Spiegel stehen, um sich mit ihrem Putz zu beschäftigen, und dabei alles auf das allergenaueste zu besorgen? Wie ärgern sie sich, wenn der Barbier etwas versehen hat! Wie erzürnen sie sich, wenn der Friseur das Haar falsch geschnitten, die Locken nicht in die gehörige Ordnung gelegt hat!

Auch die Gastmahle solcher Menschen kann ich nicht unter die Zeiten ihrer Erholung rechnen, wenn ich bedenke, wie sorgfältig sie das Silbergeschirr in Ordnung stellen, wie ängstlich sie harren, ob der Koch das Wildbret gut werde zugerichtet haben, ob die Vögel recht künstlich, und nicht in zu große Stücke zerschnitten werden. Durch solche mühsame Kleinigkeiten sucht man sich auszuzeichnen, und den Ruhm einer feinen Lebensart zu erwerben. Auch diejenigen kann ich nicht ruhig Lebende nennen, die sich in ihrer Sänfte hin und hertragen lassen; die aber so träge sind, daß man sie sogar erinnern muß, wenn sie essen sollen, und selbst nicht wissen, ob sie hungrig sind oder nicht. Als jener Wollüstling, den man aus dem Bad auf den Händen getragen hatte, auf einen Stuhl gesetzt worden war, fragte er: „Sitze ich nun?" Kann man von einem Menschen, der nicht weiß, daß er sitzt, sagen, daß er lebe, daß er sehe, daß er ruhe? Ich weiß nicht ob ich ihn mehr bedauern soll, wenn er das wirklich nicht gewußt, oder wenn er sich gestellt hat, er wisse es nicht. Das soll Vornehm heißen. Man hält es für niedrig und verächtlich, zu wissen, was man tut. Nicht ruhig ist ein solcher Mensch; er ist krank; er ist gestorben. Der Ruhige fühlt seine

Ruhe; dieser hingegen, dem ein anderer sagen muß, in welcher Stellung sich sein Körper befinde, lebt nur halb. Wie kann er Herr irgendeiner Zeit sein?

Beschäftige dich stets mit einer nützlichen Arbeit; und wenn du deine Zeit in arbeitsfreien Stunden auf eine edle, dir heilsame Art anwenden willst, so beschäftige dich mit dem Lesen nützlicher Schriften. Welch eine Glückseligkeit, welch ein schönes Alter hat derjenige zu erwarten, der seinen Geist zur Weisheit und Tugend gebildet hat! Hierdurch wirst du dir wahre und bleibende Güter erwerben, die dir keine Zeit, kein Zufall rauben kann. Lehrer der Weisheit und der Tugend zeigen dir den Weg zu einem ewigen Leben, und bringen dich an den erhabenen Ort, aus welchem man nicht verstoßen werden kann. Dies ist das einzige Mittel, die Sterblichkeit in Unsterblichkeit zu verwandeln. Alles andere vergeht; die prächtigsten Denkmäler zerstört die Zeit, der Weisheit kann nie geschadet werden; weder ein gegenwärtiges noch künftiges Zeitalter kann sie vertilgen.

Das Leben des Weisen und Tugendhaften ist lang, und in keine Grenzen eingeschlossen. Ist eine Zeit verflossen? Er genießt sie durch Erinnerung. Ist sie gegenwärtig? Er benutzt sie. Ist sie zukünftig? Er genießt sie schon zum voraus. Die Sammlung aller Zeiten zu einer einzigen macht ihm ein langes Leben. Kurz und traurig ist das Alter derer, die das Vergangene vergessen, das Gegenwärtige vernachlässigen, und das Künftige fürchten. Wenn es zum Sterben kommt, so merken sie zu spät, daß sie bei aller ihrer Geschäftigkeit nichts getan haben.

V.
Von dem seligen Leben.

ALLE Menschen wünschen sich ein glückseliges Leben; aber worin es bestehe, und wie man dazu gelangen könne, das sehen wenige ein. Wir müssen uns daher vor allen Dingen richtige Begriffe von dem Wesen desselben machen, dann den Weg kennenlernen, der dazu führt, und einen Führer wählen, dem wir uns sicher anvertrauen können. Ein solcher Führer ist der große Haufe nicht; denn er wandelt auf einer Heerstraße, die am meisten irreführt. Wir müssen uns daher auf das sorgfältigste hüten, daß wir nicht wie die Tiere, dem Führer der Herde folgen, die nicht dahin gehen, wohin man gehen soll, sondern wohin man zu gehen pflegt. Nichts verwickelt uns in größere Übel als die Gewohnheit für das Beste zu halten, was den meisten Beifall hat, und wovon viele Beispiele vorhanden sind; daß wir nicht der Vernunft gemäß leben, sondern uns nach Gewohnheiten richten. So reißt einer den anderen zum Irregehen mit sich fort; und indem jeder lieber glauben als urteilen will, wird niemals von dem Leben geurteilt, sondern immer nur geglaubt. Der immer fortgepflanzte Irrtum treibt uns hin und her, stürzt uns ins Verderben, und wir gehen durch fremde Beispiele zugrunde.

Wir müssen daher untersuchen, was zu tun das Beste sei, nicht was das Gewöhnlichste ist; was uns zum Besitz einer ewigen Glückseligkeit verhilft, nicht was der große Haufe, der schlechteste Ausleger der Wahrheit, billigt. Unter dem großen Haufen verstehe ich aber nicht bloß Leute von geringem Stand, sondern auch Vornehme, in prächtigen Kleidern einhergehende Männer. Denn ich sehe nicht auf die Farbe der Kleider, die den Körper bedecken; nicht nach dem äußerlichen Ansehen urteile ich von dem Wert eines Menschen. Ich habe ein besseres und sichereres Licht als meine leibliche Augen, womit ich Wahres und Falsches unterscheide. Das Gute des Geistes muß der Geist erforschen. Wenn dieser zu sich selbst kommt, und in sich geht, o wie wird er im schmerzhaften Selbstgefühl sich die Wahrheit bekennen! Er wird sprechen: „Was ich bisher getan habe, das wünschte ich ungeschehen machen zu können. Wenn ich an so manches zurückdenke, was ich gesagt habe, so beneide ich die Stummen. Guter Gott, wie weit unbedeutender war das, was ich gefürchtet, als was ich heftig gewünscht habe! Mit vielen Menschen, mit denen ich in Feindschaft gelebt hatte, habe ich mich ausgesöhnt; aber mein eigener Freund bin ich noch nicht geworden. Ich habe mich vor der Menge durch einige Vorzüge auszuzeichnen gesucht; was habe ich aber damit anders gewonnen, als daß ich mich dem Neid und bitteren Verleumdungen ausgesetzt habe?" Denke nur an jene Menschen, die die Reichen loben, Wohltätern schmeicheln, Mächtige mit Lobsprüchen erheben. Alle sind Feinde, oder, welches fast ebenso viel ist, sie können es werden. Die Menge der Beneidenden ist ebenso groß als die Menge der Bewunderer. Wir müssen uns nach etwas umsehen, das nicht bloß ein Gut zu sein scheint, sondern es wirklich ist, das man immer behalten kann, und dessen Schönheit im Innern des Menschen verborgen ist. Jedoch näher zur Sache! Wir fragen, was unter einem seligen Leben zu verstehen sei? Zu einem seligen Leben wird vor allen Dingen erfordert, daß es unserer Natur, der Vernunft gemäß sei, und nie von ihr abweiche; und das kann nur dann stattfinden, wenn der Geist gesund ist, und sich in dem beständigen Besitz seiner Gesundheit erhält. Ein gesunder Geist ist stark, beharrlich in seinen Grundsätzen; dann auch schön und geduldig, sich in die Zeitumstände fügend; er sorgt für seinen Körper, und für das, was ihm dienlich ist, jedoch nicht ängstlich; liebt, was zur Bequemlichkeit des Lebens beitragen kann, ohne etwas dergleichen zu bewundern; er wird die Geschenke des Glücks genießen, ohne sich ihnen unterwürfig zu machen. Du wirst wohl selbst einsehen, wenn ich es auch nicht hinzusetze, daß beständige Gemütsruhe und Freiheit die Folge davon ist, wenn wir alles besiegt haben, was uns zum Zorn reizen oder furchtsam machen könnte. Denn anstatt der Wollust und Vergnügungen an Kleinigkeiten, findet sich eine überaus große, unerschütterliche, gleichförmige Freude ein; hierauf Friede und Einigkeit des Gemüts mit sich selbst, Seelengröße mit Sanftmut. Denn jeder Trotz entspringt aus Schwachheit.

Man kann dies auch kürzer mit anderen Worten zusammenfassen, so daß der Sinn der nämliche bleibt. Man kann sagen, ein glückseliger Mensch sei derjenige, der nichts für gut oder böse hält, als ein gutes oder böses Gemüt; der sich der Rechtschaffenheit ernstlich befleißigt, sich an der Tugend genügen läßt; den weder das Glück stolz, noch das Unglück niedergeschlagen macht, dem die Verachtung der Wollust wahres Vergnügen gewährt. Man kann die Sache auch auf eine andere Art vorstellen, ohne daß sie dadurch verändert wird. Man kann sagen, das selige Leben sei ein freier, getroster, unerschrockener und standhafter Mut, der sich nie fürchtet, und nie von heftigen Begierden beunruhigt wird, der Rechtschaffenheit für das einzige Gut, und Lasterhaftigkeit für das einzige Übel erkennt. Von einem so festen Sinn muß Heiterkeit und eine hohe Freude, die sich selbst genügt, die unausbleibliche Folge sein.

Wer hingegen der Wollust frönt, und sich von seinen sinnlichen Begierden beherrschen läßt, der ist der elendeste Sklave von der Welt. Tierische Wollust erniedrigt den Menschen, ist hinfällig und verächtlich, und zieht nach sich Reue und Verdruß. Sie ist flüchtig, vergänglich, und endigt sich, wenn sie kaum angefangen hat.

„Aber auch du", wird man sprechen, „befleißigst dich der Tugend, weil du dir Vergnügen davon versprichst." Hierauf antworte ich: Obgleich die Tugend Vergnügen

gewährt, so wird sie doch nicht um desselben willen ausgeübt; es ist nur eine Folge der Tugend. Die Tugend gefällt nicht, weil sie Vergnügen gewährt, sondern sie gewährt Vergnügen, weil sie gefällt. Eine Tugend, die bloß um des Vergnügens willen ausgeübt wird, hat keinen festen, unbeweglichen Grund, worauf sie stehen kann. Sie ist unstet, weil sie des Glücks und zufälliger Dinge bedarf. Wie kann aber ein Mensch, dessen Vergnügen vom Zufall abhängt, Gehorsam gegen Gott beweisen, und was ihm auch begegnen mag, mit Gleichmütigkeit annehmen? Wie kann er dem Vaterland nützliche Dienste leisten, und Geschäfte unternehmen, womit Anstrengung und mancherlei Ungemach verbunden ist? Nur der Tugendhafte wird alles, was ihm begegnet, nicht nur geduldig, sondern auch willig ertragen. So wie ein mit Wunden und Narben bedeckter guter Soldat seinen Feldherrn noch sterbend lieben wird, so wird auch der Tugendhafte nie jene alte Vorschrift vergessen: *Halte dich an Gott.* Wer aber klagt, weint und seufzt, der zeigt hiermit, daß er das ihm anbefohlene gezwungen tut, und dennoch wird er wider seinen Willen dahingerissen, dasselbe zu tun. Was ist das aber für eine Torheit, wenn man sich lieber fortziehen lassen als folgen will? Alles unangenehme, was die Einrichtung der Welt herbeiführt, müssen wir geduldig und willig annehmen. Gott gehorchen ist Freiheit.

Zum Genuß der Glückseligkeit kann man nicht anders als durch standhafte Tugend gelangen; denn sie allein gibt einen festen, unerschütterlichen Mut unter allen Veränderungen des Lebens. Bedarf aber die Tugend nichts weiter zu einem glückseligen Leben? Nein, wenn sie vollkommen ist, und die höchste Stufe erreicht hat, die der Weise erreichen kann. Sie ist sich selbst genug, es mangelt ihr nichts; denn was könnte dem fehlen, der schlechterdings nichts verlangt? Wie könnte derjenige äußerlicher Dinge bedürfen, der sein ganzes Eigentum in sich selbst hat? Aber die, welche noch auf dem Weg der Tugend sind, und zur Zahl derer gehören, die noch immer im Guten zunehmen sollen, haben allerdings eine Hilfe des Glücks vonnöten.

Niemand frage mich daher: „Warum lebst du nicht deinen strengen Grundsätzen gemäß?[12] Warum glaubst du des Geldes nicht entbehren zu können, und bist unwillig, wenn du etwas davon einbüßt? Warum hast du niedlichen und kostbaren Hausrat? Warum wird bei dir Wein getrunken, der älter ist als du selbst? Warum läßt du Bäume pflanzen, welche weiter keinen Nutzen haben, als daß sie Schatten geben? Warum trägt deine Gemahlin Ohrengehänge, welche mehr wert sind als die jährlichen Einkünfte einer reichen Familie? Warum bist du so reich, daß du nicht einmal weißt wie reich du bist?"

Ich antworte: Ich bin kein vollendeter Weiser, und werde es nie sein. Den größten Weltweisen hat man den Vorwurf gemacht, daß sie nicht so lebten, wie sie sagten, daß man leben soll, und sie selbst haben eingestanden, daß sie nicht die höchste Stufe der Weisheit und der Tugend erreicht hatten. Wenn ich Fehler mit Nachdruck tadle, so tadle ich meine eigenen; sobald es in meinem Vermögen stehen wird, werde ich leben wie man leben soll. Wenn die Wellweisen die höchste Stufe der Weisheit erreicht hatten, was könnte wohl seliger sein als sie? In einer so wichtigen Sache ist es schon rühmlich, wenn man nur so viel tut als man kann, und nach immer größerer Vollkommenheit eifrig strebt, wenn man sich fest vorgenommen hat: „Ich will jede mir obliegende Arbeit verrichten so gut ich kann; ich will den Reichtum, ich mag welchen besitzen oder nicht, gering achten, mich nicht zu sehr betrüben, wenn er abnimmt, noch mich übermäßig freuen, wenn er zunimmt; ich will bedenken, daß ich für andere geboren bin, und das

---

[12] Seneca war selbst ein sehr reicher Mann, und darüber machten ihm seine Feinde und Verleumder die bittersten Vorwürfe, wogegen er sich in dem folgenden Teil dieser Schrift verteidigt.

will ich mit meinem Leben beweisen; ich will mein Geld weder geizig in Kästen verschließen, noch unnütz verschwenden, will nichts besitzen als was ich mit Recht habe, und gern will ich denen, die es würdig sind, Wohltaten erzeigen. Aus Gewissenhaftigkeit will ich meine Pflichten beobachten, nicht in der Absicht eine gute Meinung von mir zu erwecken. Im Essen und Trinken will ich mäßig sein, die Bedürfnisse der Natur befriedigen, aber nie mich der Völlerei ergeben. Meinen Freunden will ich mich angenehm zu machen suchen; gegen meine Feinde will ich mich sanft und nachgiebig betragen, verzeihen, ehe ich darum gebeten werde; erlaubten Bitten will ich zuvorkommen. Ich will bedenken, daß die Welt mein Vaterland, und Gott ihr Beherrscher stets um und neben mir ist, und alle meine Taten und Worte richtet. Sobald die Natur meinen Geist zurückfordert will ich ihn hingeben, mit dem Bewußtsein, daß ich ein gutes Gewissen und ein tugendhaftes Verhalten geliebt, die Freiheit keines Menschen, am wenigsten meine eigene verletzt habe." Wer solche Vorsätze gefaßt hat, wer solches will, der sucht, der befindet sich auf dem Weg zu einem ewig seligen Leben.

Wer kann aber zweifeln, daß der Tugendhafte in dem Besitz der Reichtümer weit mehr Gelegenheit hat Gutes zu tun, als wenn er in der Armut lebt? Der Arme kann nur eine Art der Tugend ausüben, indem er zu verhüten sucht, daß er nicht dadurch gebeugt und niedergedrückt werde; bei dem Besitz des Reichtums finden Mäßigkeit und Freigebigkeit, Geschicklichkeit in rechter Verwaltung desselben, und Großmut ein weites Feld. Der Weise wird sich nicht verachten, wenn er auch von einer noch so kleinen Statur ist; es würde ihm aber doch angenehmer sein, wenn er größer wäre; auch bei einem schwächlichen Körper, und wenn er ein Auge verloren hat, kann er gesund sein: er wird aber dennoch eine stärkere Leibesbeschaffenheit vorziehen. Krankheit wird er geduldig tragen, eine gute Gesundheit wird er sich wünschen. Manche Dinge, ob sie gleich an sich von so geringem Wert sind, daß sie ohne Nachteil des vorzüglichsten Gutes entbehrt werden können, tragen doch etwas zur beständigen, aus der Tugend entspringenden Freude bei. Obgleich unsere Weisen die Tugend für das einzige wahre Gut halten, so leugnen sie doch keineswegs, daß auch die Dinge, die wir gleichgültige nennen, an sich einen Wert haben, und daß einige wichtiger sind als andere, und der Reichtum gehört unter die wichtigeren.

„Warum", wirst du sprechen, „verspottest du mich denn also, da der Reichtum bei dir eben den Wert hat als bei mir?" Verlangst du zu wissen, warum ich behaupte, daß er nicht bei uns beiden gleichen Wert habe? Wenn mir meine Reichtümer entrissen werden, so werden sie nichts hinwegnehmen als sich selbst; wenn sie aber dir entrissen werden, so wirst du staunen, und nicht mehr der vorige Mensch zu sein glauben. Bei mir hat der Reichtum einigen, bei dir den höchsten Wert. Mit einem Wort: Ich bin der Herr meines Reichtums, dein Herr ist der Reichtum.

Der Weise verdient daher keine Vorwürfe darüber, daß er reich ist. Niemand hat die Tugend zur Armut verdammt. Der Weise kann große Reichtümer besitzen; er wird sie aber keinem anderen entzogen haben; sie werden nicht mit fremdem Blut befleckt sein; er wird sie nicht mit Ungerechtigkeit erworben haben, wird nicht mit seinem Geld wuchern; niemand als ein Boshafter und Mißgünstiger wird um ihrer willen über ihn seufzen. Er wird zwar nicht mit seinem Vermögen prahlen, er wird sich aber auch desselben nicht schämen. Er wird jedoch Ursache haben sich zu rühmen, wenn er sein ganzes Haus öffnen, alle Einwohner der Stadt hineinlassen, und sagen kann: „Wer hier etwas für das Seinige erkennt, der nehme es weg." O welch ein großer, und mit dem größten Recht reicher Mann, wenn er nach diesem Aufruf ebenso viel behält als er hatte, wenn niemand etwas gefunden hat, woran er Hand anlegen dürfte! Er wird kühn und öffentlich reich sein.

Gleichwie der Weise keinen Groschen unter seinem Vermögen dulden wird, den er nicht mit Recht behalten kann, so wird er auch ein großes Vermögen als ein Geschenk der Vorsehung, und als eine Frucht der Tugend nicht wegwerfen. Er wird weder damit prahlen noch dasselbe verbergen. Das eine würde törichte Eitelkeit, das andere Schwachheit und Furchtsamkeit verraten. Er wird, sage ich, seine Reichtümer nicht wegwerfen. „Denn wie?" wird er sprechen: „Seid ihr unnütz, oder weiß ich euch nicht zu gebrauchen?" Gleichwie jemand, der zu Fuß gehen kann, doch lieber einen Wagen besteigen wird, so wird er auch lieber reich als arm sein wollen; er wird Güter besitzen, er wird sie aber als leichte Dinge betrachten, die davonfliegen. Er wird Wohltaten erzeigen. Was spitzt ihr die Ohren? Warum haltet ihr die Hand auf? Er wird Wohltaten erzeigen entweder Tugendhaften, oder denen, die er tugendhaft machen kann; er wird die Würdigsten wählen, und bedenken, daß er von Einnahme und Ausgabe wird Rechenschaft geben müssen. Man irrt, wenn man glaubt, Wohltaten erzeigen sei eine leichte Sache. Es sind viele Schwierigkeiten damit verbunden, wenn man mit Verstand und Überlegung geben, und das Seinige nicht nach bloßem Zufall verschleudern will.

Wenn ihr also den Weisen und Tugendhaften beschuldigt, daß er anders rede, und anders handle, so versteht ihr ihn nur nicht recht. Nur der Schall der Worte ist zu euren Ohren gedrungen, um die Bedeutung bekümmert ihr euch nicht. „Was ist denn", wirst du fragen, „zwischen mir Toren und zwischen dir Weisen für ein Unterschied, wenn wir doch beide gern reich sein wollen?" Ein großer. Denn bei dem Weisen und Tugendhaften stehen die Reichtümer in Diensten, bei dem Toren behaupten sie die Herrschaft. Jener erlaubt ihnen nichts, euch erlauben sie alles. Ihr gewöhnt euch an sie, und hängt euer Herz daran, als ob euch jemand den ewigen Besitz derselben zugesichert hätte; der Weise macht sich am meisten auf Armut gefaßt, wenn er mitten im Überfluß lebt. Der Feldherr traut dem Frieden nie so sicher, daß er sich nicht auf den Krieg vorbereiten sollte, der, wenn er gleich noch nicht vorhanden, doch immer möglich ist. Ein schönes Haus macht euch so übermütig, als ob es nie abbrennen könnte; eure Güter machen euch so sicher, als ob sie keiner Gefahr ausgesetzt und so groß wären, daß das Schicksal keine Gewalt hätte sie zu verzehren. Ihr bedenkt nicht, wie viele Zufälle die kostbare Beute wegzunehmen drohen. Wer auch dem Tugendhaften seinen Reichtum nehmen mag, alles was sein ist, muß er ihm lassen; er ist vergnügt bei dem, was er gegenwärtig besitzt, wegen der Zukunft ist er ganz ruhig. Schmäht also die Tugend nicht, sondern ehrt sie. Glaubt denen, welche versichern, daß sie denen, die ihr ergeben sind, große, und immer größere Vorteile gewähren wird; verehrt sie wie Götter, und ihre Beförderer wie ihre Priester.[13]

---

[13] Das Ende dieser Schrift ist verlorengegangen; welches zu bedauern ist.

VI.

Von Wohltaten.[14]

UNTER den vielen und großen Lastern, welchen die Menschen ergeben sind, ist fast keines so gewöhnlich als der Undank. Undankbar ist aber jeder, der leugnet, daß er empfangen habe, was er empfangen hat; undankbar, der sich stellt, als ob er nicht empfangen habe, was er empfangen hat; undankbar, der die empfangenen Wohltaten nicht vergilt, da er sie vergelten könnte, und der allerundankbarste ist der, der die empfangenen Wohltaten vergißt. Denn bei jenen ist doch noch eine Spur der Erinnerung an fremde Verdienste; sie können durch plötzlich erweckte Ehrliebe, und durch gewisse Umstände bewogen werden, sich dankbar zu bezeigen; aber derjenige, dem die ganze empfangene Wohltat aus dem Gedächtnis entfallen ist, kann niemals dankbar werden.

Wie kommt es aber, daß es eine so große Menge der Undankbaren gibt? Die Ursachen liegen teils in den Empfängern der Wohltaten, teils in den Wohltätern selbst. Was jene, die Undankbaren betrifft, so

---

[14] In dieser aus sieben Büchern bestehenden Abhandlung kommen überaus viele Wiederholungen eben derselben Gedanken vor. Auch findet man darin eine schlechte, und fast gar keine Ordnung. Ich habe daher bald aus diesem, bald aus jenem Buch Stellen ausgezeichnet, um einen leidlichen Zusammenhang herauszubringen. Gleich im Anfang habe ich Stellen aus dem ersten, zweiten und dritten Buch miteinander verbunden. Wegen des lehrreichen Inhalts wollte ich aber diese Abhandlung nicht übergehen.

werden sie zu diesem Laster teils durch Eigenliebe, und durch eine allzu hohe Meinung von ihrem Wert, teils durch Habsucht, teils durch Neid und Mißgunst verleitet. Wir wollen bei dem ersten anfangen. Jeder hat eine günstige Meinung von sich selbst; daher kommt es, daß er alles, was man ihm gibt, verdient zu haben glaubt, dasselbe als bare Bezahlung annimmt, und meint, man habe seinen Wert zu wenig erkannt. „Jener", spricht der Undankbare, „hat mir dies gegeben; aber wie spät, wie viele Mühe habe ich mir darum geben müssen! Wieviel mehr hätte ich erlangen können, wenn ich mich an diesen oder jenen gewendet hätte: das hatte ich nicht erwartet. Er hat mich einer so kleinen Gabe würdig geachtet, daß es mehr Ehre für mich gewesen sein würde, wenn er mich unter dem großen Haufen der Bittenden ganz übergangen hätte." Auch der Habsüchtige kann nicht dankbar sein; denn wer zu viel zu bekommen hofft, dem ist nichts genug; je mehr er bekommen hat, desto mehr verlangt er; und ein noch größeres und ungestümeres Übel ist der Neid, der uns beunruhigt, indem er Vergleichungen anstellt. „Jener", spricht der Neidische, „hat mir dies gegeben; aber jenem mehr, jenem früher. Ich hätte mehr bekommen sollen. Jenen schlechten Menschen hat er weit mehr gegeben."

Darüber dürfen wir uns nicht wundern. Wird doch nicht einmal der Wert der göttlichen Wohltaten gehörig erkannt und geschätzt. Auch so gar manche von denen, die sich Lehrer der Weisheit zu sein dünken, erlauben sich unbillige Urteile über die gütige Vorsehung. Sie klagen, daß wir nicht an Größe den Elefanten, an Geschwindigkeit den Hirschen, an Leichtigkeit den Vögeln, an Mut den Stieren gleichkommen; daß die wilden Tiere eine festere, die Gemsen eine anständigere, die Bären eine dickere, die Biber eine weichere Haut haben als wir; daß uns die Hunde an Stärke des Geruchs, die Adler an Schärfe des Gesichts, viele Tiere an Leichtigkeit zu schwimmen übertreffen. Obgleich so ungleichartige Eigenschaften, wie z. B. körperliche Stärke und Geschwindigkeit ihrer Natur nach nicht beisammen sein können, so halten sie es dennoch für eine Ungerechtigkeit, daß der Mensch nicht aus so verschiedenen, und miteinander streitenden Dingen zusammengesetzt ist. Sie klagen, daß uns keine bessere Gesundheit, keine unbesiegbare Tugend, keine Wissenschaft der Zukunft verliehen ist. Kaum können sie sich enthalten in der Unverschämtheit so weit zu gehen, daß sie die Natur um deswillen hassen, weil wir geringer als Gott, und ihm nicht gleich sind.

Wieviel besser ist es, daß wir so viele Wohltaten, die wir aus der Hand Gottes empfangen, aufmerksam betrachten, und ihm danken, daß er uns eine so hohe Stelle auf diesem schönen Wohnplatz angewiesen, daß er uns über die irdischen Dinge gesetzt hat! Wird uns jemand die Tiere vorziehen, da uns die Herrschaft über sie übergeben ist? Was uns versagt ist, das konnte uns nicht gegeben werden. Bedenke doch, Unzufriedener, der du das menschliche Los so ungerecht beurteilst, wie große Vorzüge uns unser Schöpfer und Vater verliehen hat, wieviel stärkere Tiere wir uns unterwürfig gemacht haben, wieviel geschwindere wir erlangen können, wie nichts Sterbliches ist, was nicht unserer Gewalt ausgesetzt wäre! So viele edlere Kräfte, so viele Künste, und endlich eine Seele haben wir bekommen, die in ihren Wahrnehmungen und Denken die Gestirne an Geschwindigkeit übertrifft, und deren künftigen Lauf auf Jahrhunderte hinaus vorhersagen kann; so viele Früchte, so viele Güter, so viele andere Dinge, die uns in großer Menge zuteil werden. Wenn du die gütige Natur aufmerksam betrachtest, so wirst du bekennen müssen, daß dich Gott sehr geliebt hat. So ist es. Überaus groß ist die Liebe Gottes gegen uns. Die größte Ehre, deren wir fähig sind, hat er uns zugeteilt. Große Geschenke haben wir empfangen; größere konnten wir nicht fassen.

Ich habe es für nötig erachtet, hieran zu erinnern, weil auch etwas von großen Wohltaten zu sagen war, indem wir von geringen sprechen, und weil aus der Geringschätzung so großer Wohltaten die Verwegenheit dieses abscheulichen Lasters des Undanks auch die Geringschätzung der übrigen entspringt. Denn wofür wird derjenige dankbar sein, was für ein Geschenk wird der für wichtig halten, der die allergrößten Wohltaten verachtet?

Oft sind wir aber selbst Schuld daran, daß man unsere Wohltaten mit Undank vergilt, und zwar aus mehreren Ursachen. Wir treffen keine Auswahl unter denen, welchen wir Wohltaten erzeigen; nehmen nicht die gehörige Rücksicht auf die Würdigen, sondern wollen uns nur viele verbindlich machen. Wir streuen keinen Samen auf einen ausgesogenen und unfruchtbaren Boden; aber unsere Wohltaten werfen wir ohne irgendeine Auswahl mehr hinweg, als daß wir sie geben. Auch dadurch machen wir Undankbare, wenn wir es uns merken lassen, daß wir nicht gerne geben. Manche wollen nicht nur einmal, sondern oft und inständig gebeten sein. Wenn sie nur vermuten, daß man sie um etwas bitten wolle, so machen sie eine finstere Stirn, wenden das Gesicht weg, entschuldigen sich mit Geschäften, oder fangen mit Vorsatz ein langes Gespräch an, wovon das Ende kaum zu erwarten ist, damit der andere keine Gelegenheit habe seine Bitte vorzutragen. Wenn sie aber in die Enge getrieben werden, so wollen sie sich entweder erst darüber bedenken, das ist aber ebenso viel als furchtsam abschlagen; oder sie versprechen zwar die Bitte zu gewähren, aber mit verdrießlichen Mienen, und mit vielen beleidigenden Worten, die kaum einen Ausgang finden. Niemand ist aber gern dankbar für das, was er nicht sowohl empfangen, als vielmehr ausgepreßt hat. Kann jemand dem dankbar sein, der die Wohltat stolz und hochmütig oder mit zorniger Miene vor die Füße hingeworfen, oder nur deswegen gegeben hat, damit man ihm nicht länger beschwerlich sei. Man darf sich nicht lange bitten lassen; denn der gute Wille gibt erst jeder Handlung, und so auch jeder wohltätigen Handlung ihren Wert. Wer zaudernd gegeben hat, der hat lange nicht geben gewollt.

Wir dürfen uns durch die Menge der Undankbaren nicht abschrekken lassen, wohltätig zu sein. Denn erstlich, wie ich bereits gesagt habe, vermehren wir selbst ihre Anzahl; hernach fährt ja auch Gott selbst immer fort Wohltaten zu erzeigen, so groß auch die Menge der Undankbaren ist. Ihm sollen wir nachahmen, insofern es die menschliche Schwachheit erlaubt. Wir wollen Wohltaten geben, nicht damit wuchern. Der ist wert, in seiner Erwartung betrogen zu werden, der beim Geben an die Wiedervergeltung gedacht hat. Auch Kinder und Ehegatten haben oft die Hoffnung, die man von ihnen hatte, getäuscht. Dennoch erziehen wir Kinder, und nehmen ein Weib, und diese Gewohnheit setzen wir nach so vielen unangenehmen Erfahrungen fort, gleich Überwundenen, die wieder in den Krieg ziehen, und denen, die nach erlittenem Schiffbruch sich wieder auf die See wagen. Wieviel mehr geziemt es sich, daß man beharrlich wohltätig bleibe? Wie viele sind des Tageslichts nicht wert, und doch geht die Sonne täglich auf und bringt den Tag. Wie viele beklagen sich, daß sie geboren sind? Dennoch bringt die Natur immer wieder ein neues Geschlecht hervor, und läßt auch die leben, die lieber gar nicht wollten geboren sein. Der Großmütige und Gute ist nicht wohltätig aus Eigennutz; er will wohltätig sein, weil es recht und gut ist.

„Wie stimmt aber damit überein", wird man einwenden, „was du oben gesagt hast, daß man nämlich bei Erteilung der Wohltaten eine gute Auswahl treffen müsse, weil nicht einmal die Landleute den Samen dem Sand anvertrauen? Wenn das wahr ist, so sehen wir ja bei der Wohltätigkeit auf unseren eigenen Nutzen, gleichwie beim Pflügen und Säen; denn das Säen an sich selbst ist keine wünschenswürdige Sache. Man sät in der Hoffnung zu ernten." – Allein hierauf ist leicht zu antworten: Wir tun nämlich was recht und gut ist aus keiner anderen Ursache, als weil es recht und gut ist. Wir müssen aber doch untersuchen, ob unsere Wohltat den Namen einer wahren Wohltat verdient, und zu dem Ende müssen wir zusehen, wann, wem, wie, warum wir geben. Denn wir sollen nichts ohne vernünftige Überlegung tun; nichts kann aber für eine Wohltat gehalten werden, was ohne

Überlegung gegeben wird; denn die Vernunft ist die Gefährtin jeder Tugend. Wie oft hören wir Leute, die ihre unbedachtsamen Verschenkungen bereuen, und sprechen: „Ich wollte lieber, daß ich verloren hätte, was ich jenem gegeben habe!" Eine unüberlegte Verschenkung ist eine der schändlichsten Arten des Verlusts.

Bei der Wahl derer, denen ich Wohltaten erzeigen will, nehme ich keine Rücksicht auf den, der mir dieselben vergelten kann; ich wähle den, welcher dankbar sein wird. Oft ist aber auch derjenige dankbar, welcher die Wohltat nicht vergilt, und undankbar derjenige, der sie vergilt. Auf die Gesinnung des Empfängers bin ich aufmerksam. Einem armen, tugendhaften Mann will ich geben; denn bei seiner größten Armut wird er dankbar sein, und wenn ihm alles andere mangelt, so wird ihm seine gute Gesinnung bleiben. Ich erwarte von meiner Wohltat weder Gewinn, noch Vergnügen, noch Ehre; ich werde deswegen geben, damit ich tue, was ich tun soll. Was man aber tun soll, kann nicht ohne Auswahl getan werden. Du fragst, wie diese Wahl beschaffen sein müsse? Ich wähle einen rechtschaffenen, redlichen, dankbaren Mann, der sich nie an fremdem Eigentum vergreift, der das Seinige nicht geizig zurückhält, der ein wohlwollendes Gemüt hat. Wenn ich einen solchen gewählt habe, so werde ich gut gewählt haben, wenn ihm auch das Glück nichts gegeben hat, womit er mir meine Wohltat vergelten könnte. Wenn mich der Eigennutz und eine filzige Berechnung freigebig macht; wenn ich keinem nütze, der mir nicht wieder nützen kann, so werde ich keinem, der eine Reise in andere, weitentlegene Länder anstellt, eine Wohltat erzeigen; ich werde keinem etwas geben, der immer abwesend sein wird, keinem der so krank ist, daß keine Hoffnung zu seiner Genesung vorhanden ist; ich werde nichts geben, wenn ich selbst krank bin; denn ich habe keine Zeit, das Gegebene wiederzubekommen. Daß aber wohltätig sein an sich selbst etwas Gutes ist, das sehen wir daraus, daß wir auch verunglückten Fremdlingen geben, wenn sie gleich nie wieder zu uns kommen, und bloß wünschen, daß Gott unser Vergelter sein möge. Ja wenn wir selbst am Ende unseres Lebens unser Testament machen, erteilen wir nicht Wohltaten, von welchen wir keinen Nutzen zu hoffen haben? Aber nie sind wir behutsamer, nie überlegen wir sorgfältiger, wem und wieviel wir geben sollen, als wenn wir, ohne Hoffnung eigenen Vorteils, unser Augenmerk bloß auf das richten, was recht und gut ist. So lange Furcht und Hoffnung und Wollust unser Urteil bestechen, so lange urteilen wir verkehrt von unseren Pflichten. Wenn uns aber der Tod den unbestochenen Richter, das Gewissen, zum Ausspruch gesendet hat, dann suchen wir unser Vermögen den Würdigsten zu übergeben und gehen dabei mit der sorgfältigsten Überlegung zu Werke. Eine Wohltat muß den Nutzen desjenigen, dem sie erzeigt wird, zur Absicht haben, nicht unseren eigenen Vorteil, sonst erzeigen wir sie uns selbst. Daher verlieren Dinge, welche anderen Nutzen bringen, ihr Angenehmes dadurch, daß sie bezahlt werden. Der Kaufmann nützt den Städten, der Arzt den Kranken; weil sie aber fremden Nutzen um ihres eigenen Vorteils willen befördern, so machen sie sich denen, welchen sie Nutzen schaffen, nicht verbindlich. Wir müssen nun auch zeigen, was für Wohltaten man erzeigen, und wie man sie erzeigen soll. Was jenes betrifft, so muß man zuerst das Nötige, hernach das Nützliche geben. Unter die nötigen Dinge gehört, was zur Erhaltung des Lebens unentbehrlich ist, z. B. die nötigen Lebensmittel für Dürftige und Arme. Hierauf folgen die Dinge, die zwar nicht unentbehrlich sind, die aber zur Verbesserung der Glücksumstände eines anderen etwas beitragen können. Was das Angenehme betrifft, so ist darauf zu sehen, daß ein Geschenk nicht gemein, sondern etwas solches sei, was entweder wenigen oder nicht in diesem Alter gegeben worden, wenn es auch nicht kostbar ist. Wir müssen untersuchen, was dem Freund das meiste Vergnügen verursachen, und was er als ein angenehmes Andenken liebgewinnen wird.

Ich will nun auch zeigen wie man geben soll. Wir sollen geben, wie wir wünschen würden zu nehmen, vor allen Dingen gerne, bald, ohne langes Bedenken. Wer sich lange besinnt, ob er geben will oder nicht, der ist von dem, der die Wohltat versagt, nicht viel unterschieden. Wohltaten, die man gern und ohne Aufschub erzeigt, sind am angenehmsten. Das Beste ist, wenn man dem Wunsch des Bittenden zuvorkommt, das Nächste, wenn man ihn sogleich erfüllt. Wer erst nach vielem Bitten erhalten hat, was er wünscht, der hat es nicht umsonst erhalten. Einige unserer Vorfahren haben gesagt: „Keine Sache ist teurer zu stehen gekommen, als die man mit Bitten gekauft hat." Es ist ein beschwerliches, lästiges Wort, wenn man mit niedergeschlagenem Gesicht sagen muß: „Ich bitte." Dieses Wort muß man dem Freund erlassen, wenn man sich verdient um ihn machen will. Man muß den Wunsch des Freundes zu erraten suchen, und wenn man ihn erraten hat, so muß man ihm die traurige Notwendigkeit zu bitten, ersparen. Diejenige Wohltat ist angenehm, und wird stets im Andenken bleiben, welche entgegengekommen ist. Wenn wir nicht zuvorkommen können, so wollen wir wenigstens die Worte des Bittenden unterbrechen, damit es nicht das Ansehen habe, daß wir uns wollten bitten lassen; so bald wir wissen was er wünscht, wollen wir es sogleich versprechen, und wollen selbst durch die schleunige Erfüllung beweisen, daß wir es würden getan haben, ehe wir darum wären gebeten worden.

Manche, auch geringe Wohltaten erhalten dadurch einen großen Wert, wenn man sie dem Freund mit heiterer Miene und mit freundlichen Worten gibt, wenn man etwa spricht: „Ich bin böse auf dich, daß du mich nicht schon längst hast wissen lassen, was du gewünscht, daß du so inständig gebeten, und einen Fürsprecher zu Hilfe genommen hast. Diesmal will ich dir deine Unartigkeit verzeihen." Auf solche Art wirst du bewirken, daß er deine Gesinnung höher schätzt, als das, was er zu bitten gekommen war. Dann zeigt sich die Tugend und Güte des Gebers in ihrer wahren Größe, wenn der Weggehende sich sagen muß: „Heute habe ich einen großen Gewinn gemacht. Es ist mir lieber, daß ich ihn so gefunden habe, als wenn ich noch so viel auf einem anderen

Weg bekommen hätte. Für diese seine wohlwollende Gesinnung werde ich meinem Freund nie dankbar genug sein können."

Aber die meisten machen ihre Wohltaten durch rauhe Worte und stolzes Betragen so verhaßt, daß es den Bittenden reut, ein Versprechen erhalten zu haben. Nach dem erhaltenen Versprechen währt es noch lange, ehe es erfüllt wird. Da muß einer gebeten werden, daß er daran erinnere, ein anderer, daß die Sache endlich zustande gebracht werde. So geht die Wohltat durch mehrere Hände, so daß dem Versprechenden der geringste Teil des Dankes übrig bleibt, weil ihm jeder, der nach ihm gebeten werden muß, etwas davon abzieht. Du mußt daher dafür sorgen, daß deine Wohltaten rein und ganz, ohne Abzug, wie man zu sagen pflegt, denen zukommen, welchen sie versprochen worden sind. Niemand darf ihnen den Weg versperren, niemand sie aufhalten. Keiner kann für das, was du geben willst sich Dank erwerben, ohne den dir gebührenden zu vermindern.

Es ist nichts so schmerzlich als langes Schweben zwischen Furcht und Hoffnung. Manche sehen es lieber, wenn ihnen eine Hoffnung sogleich abgeschnitten, als wenn sie lange hingehalten wird. Aber die meisten haben den Fehler, daß sie aus tadelnswürdiger Ehrsucht ihr Versprechen lange aufschieben, damit die Zahl der Bittenden nicht zu gering sei. Dies ist eine gewöhnliche Unart der Staatsminister, die ein Vergnügen darin finden, ihren Stolz recht lange zur Schau auszustellen, und die sich einbilden, sie würden weniger vermögen, wenn sie nicht oft, lange und vielen einzelnen zeigten, wieviel sie vermögen. Das tut manchen Bittenden so weh, daß sie verlangen, man soll ihnen ihre Bitte lieber gleich abschlagen, damit sie wüßten, woran sie wären. Denn auch das Warten auf eine gute Sache ist mit Verdruß verbunden. Durch die meisten Wohltaten soll irgendeinem Bedürfnis abgeholfen werden. Wer nun den Hilfsbedürftigen, den er sogleich von seiner Not befreien könnte, sich entweder länger quälen läßt, oder ihm erst späte Freude macht, der vermindert den Wert seiner Wohltat. Wer etwas gern tut, der tut es bald. Wer einem anderen langsam, und nach einem Aufschub von einem Tag zum anderen genützt hat, der hat es nicht aus gutem Herzen getan. Auf diese Art hat er zwei wichtige Dinge verdorben, die Zeit, und den Beweis einer wohlwollenden Gesinnung. Langsam wollen ist nicht viel besser als nicht wollen. Es kommt oft nicht darauf an was, sondern wie man es gibt. Wie angenehm, wie vortrefflich ist es, wenn der Geber nicht erlaubt hat, ihm zu danken, wenn er unter dem Geben gleichsam vergißt, daß er gegeben hat! Hingegen ist es Unverstand, wenn man demjenigen, dem man etwas gibt, zugleich Vorwürfe macht. Wohltaten darf man nicht verbittern, noch ihnen etwas trauriges beimischen. Wenn du dem Empfänger deiner Wohltat eine Erinnerung zu geben hast, so wähle dazu eine andere Zeit.

Bisweilen sollte man insgeheim geben, so daß der Hilfsbedürftige selbst nicht wisse, von wem er die Wohltat empfangen habe. Als ein berühmter Philosoph, Arkesilaos[15], einen armen Freund, der seine Armut verheimlichte, aber krank war, und nicht einmal gestand, daß es ihm an dem Notdürftigsten fehle, heimlich unterstützen wollte, legte er ihm, ohne daß er es merkte, ein Säckchen mit Geld unter das Kissen, damit der unnötigerweise schamhafte Mann nicht sowohl annehmen als finden sollte, was ihm mangelte. Wie also? Soll er nicht wissen, von wem er es empfangen habe? Erstlich mag er es meinetwegen nicht wissen, wenn dies selbst ein Teil der Wohltat ist. Hernach kann ich vieles andere tun, viel geben, woraus er schließen kann, wer der Geber sei. Endlich mag er nicht wissen, von wem er die Wohltat empfangen habe; genug, daß ich es weiß. „Das ist zu wenig", wirst du sagen. Zu wenig, antworte ich, wenn du zu wuchern gedenkst. Wenn du aber geben willst, was dem Empfänger am nützlichsten sein wird, so wirst du es geben; du wirst mit deinem eigenen Zeugnis zufrieden sein; sonst findest du kein Vergnügen am Wohltun selbst, sondern an dem Schein wohltätig gewesen zu sein. „Ich will", sprichst du, „daß er es wisse." Du

---

[15] Arkesilaos von Athen, * 315 v. Chr.; ✝ 240 v. Chr., ein platonischer Philosoph.

suchst also einen Schuldner. „Ich will dennoch, daß er es wisse." Wie aber? Wenn es ihm nützlicher, wenn es ehrenvoller, wenn es angenehmer wäre, daß er es nicht wisse? Wirst du nicht der entgegengesetzten Meinung beitreten? Ich leugne nicht, daß es Freude macht, von der Gesinnung des Empfängers Zeuge zu sein, wenn es die Sache erlaubt. Wenn ihm aber geholfen werden muß; wenn er sich schämt um Unterstützung zu bitten, wenn das, was wir leisten, beleidigt, sofern es nicht geheimgehalten wird, so schreibe ich meine Wohltat nicht in mein Tagebuch. Warum nicht? Warum soll ich ihm nicht verschweigen, daß ich ihm gegeben habe, da es eine der vornehmsten und nötigsten Vorschriften ist, daß ich ihm die Wohltat nie vorwerfe, ihn nicht einmal daran erinnere? Denn der Wohltäter sollte das Gegebene sogleich vergessen, aber der Empfänger niemals. Die oft wiederholte Erwähnung der erzeigten Wohltaten beleidigt und kränkt denjenigen, der sie empfangen hat.

Wir dürfen nicht von dem sprechen, was wir ihm erzeigt haben. Wer daran erinnert, der fordert es zurück. Nicht einmal anderen sollen wir es erzählen. Wer die Wohltat erzeigt hat, der schweige; wer sie empfangen hat, mag sie rühmen. Denn sonst wird man dir sagen, was jemand zu einem Prahler sagte, der überall erzählte, was für eine große Wohltat er ihm erwiesen habe. „Kannst du leugnen", sprach er zu ihm, „daß du die mir erzeigte Wohltat wieder bekommen hast?" Und als dieser fragte: „Wann?" so gab jener zur Antwort: „Oft, und an mehreren Orten; das heißt so oft und an so vielen Orten du davon gesprochen hast." Wozu ist es nötig, daß du selbst davon sprichst? Warum greifst du in ein fremdes Amt? Ein anderer kann es auf eine bessere Art tun, so, daß man bei seiner Erzählung auch das loben wird, daß du selbst nicht davon sprichst. Dieses Selbstrühmen ist so ganz zu vermeiden, daß, wenn jemand in unserer Gegenwart erzählt, was wir einem anderen erzeigt haben, wir antworten sollen: „Er ist weit größerer Wohltaten würdig; ich weiß, daß ich ihm weit mehr geben zu können wünsche, als was ich ihm gegeben habe." Dies darf aber nicht auf eine verstellte Art gesagt werden, wie manche zu tun pflegen, die einen Lobspruch von sich ablehnen, damit man sie desto mehr loben möge. Wenn du wünschst, daß dir diejenigen, die du dir verbindlich gemacht hast, dankbar sein sollen, so mußt du ihnen nicht nur Wohltaten erzeigen, du mußt sie auch lieben. Vornehmlich müssen wir uns hüten, sie an das erwiesene Gute zu erinnern, und ihnen dasselbe vorzuwerfen; denn damit machen wir ihnen unsere Wohltat verhaßt. Bei der Wohltätigkeit ist nichts so sehr zu vermeiden als stolz. Alle leere Prahlerei ist zu vermeiden. Die Sache selbst muß sprechen, und wir müssen schweigen. Eine Wohltat, die mit stolzer Miene gegeben wird, ist nicht nur unangenehm, sondern auch verhaßt.

Manche Dinge würden denen, die darum bitten, schädlich sein, wenn man ihnen ihre Bitte gewährte; ihnen etwas dergleichen nicht geben, sondern versagen, ist Wohltat. Wir müssen mehr den Nutzen der Bittenden als ihre Wünsche in Betrachtung ziehen. Denn oft wünschen wir schädliche Dinge, und können nicht einsehen wie verderblich sie sind, weil uns die Leidenschaft verhindert, ein richtiges Urteil zu fällen. Wenn aber die Hitze der Begierde, welche die Überlegung verhindert hatte, verraucht ist, so verabscheuen wir die verderblichen Urheber böser Geschenke.

So wie wir Kranken kein kaltes Wasser, Schwermütigen, die gegen sich selbst wüten, keinen Dolch geben, und wie wir Verliebten alles versagen, was sie in der Hitze ihrer Leidenschaft gegen sich selbst mißbrauchen könnten: so müssen wir auch denen, die uns um etwas bitten, was ihnen schädlich sein würde, das Gebetene standhaft verweigern, wenn sie auch noch so inständig und demütig, ja recht flehentlich darum bitten sollten. Man muß nicht bloß den Anfang, sondern auch die Folgen seiner Wohltaten in Betrachtung ziehen, und nur das geben, was nicht nur Vergnügen macht, wenn man es empfängt, sondern auch, wenn man es empfangen hat. Manche sprechen:

„Ich weiß, daß jenem das Gebetene nicht nützlich sein wird. Aber was will ich machen? Er bittet; ich kann ihm seine Bitte nicht abschlagen. Er mag zusehen; er mag sich über sich selbst, nicht über mich beklagen." – Es ist falsch. Ja über dich wird er sich beklagen, und das mit Recht, wenn er zum Besinnen gekommen, und wenn der Paroxismus, der sein Gemüt entflammt hatte, vorbei ist. Warum sollte er den nicht hassen, der ihm zu seinem Schaden und zu seiner Gefahr behilflich gewesen ist? Sich zum Verderben der Bittenden erbitten lassen, ist eine grausame Güte. So wie es eine schöne Tat ist, wenn man andere auch wider ihren Willen rettet, so ist es hingegen ein schmeichelhafter und gefälliger Haß, wenn man Bittenden etwas Verderbliches gibt. Wir wollen Wohltaten erzeigen, die beim Gebrauch immer mehr gefallen, die nie böse Folgen nach sich ziehen. Einem jungen Menschen werde ich kein Geld geben, wenn ich weiß, daß er es einer Hure auszahlen, oder auf eine andere Art verschwenden wird, damit ich nicht als Teilnehmer einer schändlichen Tat, oder eines bösen Vorhabens erfunden werde. Wenn es mir möglich ist, so werde ich das schon Gegebene wieder zurücknehmen, wo nicht, so werde ich ihm doch nicht zu der Lastertat behilflich sein. Es mag ihn der Zorn, oder die Hitze des Ehrgeizes zu etwas reizen, wohin er sich nicht sollte reizen lassen; oder wodurch er sich einer unnötigen Gefahr aussetzt; ich werde nicht gestatten, daß er selbst Hand an sich lege, werde nicht zugeben, daß er einst sagen könne: „Jener hat mich aus Liebe getötet." Oft ist zwischen Geschenken der Freunde und den Wünschen der Feinde kein Unterschied. Das Böse, was ihm diese wünschen, dazu ist ihm die unzeitige Nachgiebigkeit jener behilflich. Was ist aber schändlicher, als so handeln, daß zwischen Haß und Wohltat kein Unterschied ist?

Wir wollen nie geben, was uns zur Schande gereichen würde. Ich will dem Dürftigen geben, aber so, daß ich nicht selbst darben muß. Ich will dem, der in Lebensgefahr ist, zu Hilfe kommen, aber so, daß ich nicht selbst umkomme, es sei denn, daß ich mich für einen großen Mann oder für eine wichtige Sache aufopfern würde. Ich will keine Wohltat geben, um welche ich nicht selbst mit Ehren bitten könnte. Hiernächst muß jeder auf sein Vermögen und auf seine Kräfte Rücksicht nehmen, damit er weder mehr noch weniger tue als er tun kann. Wir müssen die Person, welcher wir geben, in Betrachtung ziehen. Manche Dinge sind zu gering, als daß sie großen Männern gegeben werden könnten; andere sind zu groß für den Empfangenden. Man muß den Stand beider miteinander vergleichen, und untersuchen, ob nicht das, was man gibt, für den Geber oder für den Empfangenden zu viel oder zu wenig sei.

Man hat gefragt, ob man auch denen Wohltaten erzeigen soll, von welchen man schon vorhersehen und wissen kann, daß sie undankbar sein werden? Es kommt darauf an, wie man das versteht. Im allgemeinen ist die Frage zu verneinen. Gleichwie derjenige schlecht für seine Tochter sorgt, der sie an einen schmähsüchtigen und oft geschiedenen Mann verheiratet; gleichwie der für einen schlechten Hausvater gehalten wird, der sein Hauswesen einem offenbaren Betrüger anvertraut; gleichwie der äußerst töricht handelt, der in seinem Testament einen Mann, der seine Mündel um ihr Vermögen gebracht hat, zum Vormund bestellt: so ist derjenige auf die schlimmste Art wohltätig, der Undankbare, das heißt solche, von welchen er gewiß weiß, daß sie seine Wohltaten mißbrauchen werden, wählt, und ihnen gibt, was so gut als verloren zu betrachten ist.

Man wird sagen: „Aber Gott selbst erzeigt doch den Undankbaren viele Wohltaten, ob er gleich vorher weiß, daß sie dieselben mißbrauchen werden." Ich antworte: Gott hat sie eigentlich für die Guten bereitet; sie werden aber auch den Bösen zuteil, weil Gute und Böse nicht voneinander getrennt werden können. Es ist aber besser, auch den Bösen nützen wegen der Guten, als den Guten nicht nützen wegen der Bösen. So hat Gott den Tag, die Sonne, den Wechsel der Jahreszeiten, Regen, Wasserquellen und Winde für alle bestimmt; einzelne konnte er nicht ausnehmen. Es war nicht möglich, die Einrichtung zu treffen, daß tugendhafte Männer immer günstigen, und Böse immer konträren Wind hätten; die offene See ist ein Gemeingut für den Handel, und für den Vorteil, daß das Reich des menschlichen Geschlechts immer mehr erweitert werde. Es konnte dem Regen kein Gesetz vorgeschrieben werden, daß er sich nicht auf die Felder der Bösen und Gottlosen ergießen sollte. Manche Dinge sind für alle bestimmt. Sowohl für Böse als für Gute werden Städte gebaut. Die Arzneikunst zeigt auch den Lasterhaften Hilfe. Niemand hat die Verfertigung heilsamer Arznei-mittel verboten, damit nicht Unwürdige gesund gemacht würden. Auch dem Dieb wird Recht gesprochen; auch Mörder genießen des Friedens etc. Manche Dinge konnten den Guten nicht gegeben werden, wenn sie nicht allen gegeben würden. Was nach meinem Urteil einem einzelnen insbesondere gegeben werden soll, werde ich dem nicht geben, von dem ich weiß, daß er undankbar sein wird.

Du wirst sprechen: „So wirst du also auch dem, der dich um Rat fragt, keinen guten Rat erteilen; wirst ihm nicht erlauben, aus deinem Brunnen Wasser zu schöpfen, noch wirst du dem Verirrten den rechten Weg zeigen? Wirst du dies zwar tun, aber nichts schenken?" Ich mache einen Unterschied. Eine Wohltat ist eine nützliche Handlung; aber nicht jede nützliche Handlung ist eine Wohltat. Denn manche Dinge sind so unbedeutend, daß sie den Namen einer Wohltat nicht verdie-nen. Zweierlei muß zusammenkommen, wenn etwas eine Wohltat heißen soll: Erstlich die Erheblichkeit der Sache; denn einige sind so gering, daß sie diesen Namen nicht verdienen. Wer hat es eine Wohltat genannt, wenn er dem Armen ein Stückchen Brot, oder einen Pfennig hingeworfen, oder einem anderen erlaubt hat, Feuer bei ihm anzuzün-den? Und doch nützen dergleichen Dinge bisweilen mehr als noch so wichtige; nur ihre Geringfügigkeit benimmt ihnen ihren Wert, auch wenn sie zu einer Zeit nötig sind. Hernach was das Vornehmste ist, muß zu einer Wohltat noch hinzukommen, daß wir sie ihm um desjenigen willen erzeigen, weil wir ihn derselben würdig achten, und Vergnügen darüber empfinden; aber von dem allen findet sich nichts bei den Dingen, von welchen wir gesprochen haben. Denn wir haben sie jenen gegeben, nicht als Würdigen, sondern ohne Achtung, als Kleinigkeiten.

So kann man die vorgelegte Frage beantworten, wenn man unter Undankbaren solche Menschen versteht, von welchen man vorhersehen und wissen kann, daß sie die Wohltaten unnütz verschwenden werden. Versteht man aber unter Undankbaren diejenigen, die der empfangenen Wohltaten vergessen, uns hassen, und das ihnen erzeigte Gute mit Bösem vergelten, so sollen wir dennoch fortfahren, ihnen Gutes zu erzeigen, wenn sie dessen bedürftig sind, so wie Gott immer fortfährt den Bösen Gutes zu erweisen, ob sie ihn gleich nicht lieben und verehren. Er sucht sie durch Wohltaten zu bessern.

Wer Wohltaten empfängt, soll dankbar sein, und dies kann schon beim Empfang einer Wohltat geschehen, wenn man sie nämlich mit heiterer Miene annimmt, und zu erkennen gibt, daß man sich darüber freut. Denn es ist billig, daß wir dem Geber, der uns eine Freude zu machen sucht, auch Freude machen. Es gibt Menschen, die nur insgeheim Wohltaten annehmen wollen, und es nicht gern sehen, wenn auch andere darum wissen. Diese verraten keine gute Denkungsart. Was man sich schämt anzunehmen, das soll man lieber gar nicht annehmen. Manche wollen nicht anders als gleichsam verstohlenerweise danken, wenn niemand dabei zugegen ist. Das ist aber schon eine Art der Undankbarkeit. Denn wer sich schon beim Empfang so gleichgültig bezeigt, da doch jede Wohltat, wenn sie noch neu ist, gefällt, was wird er denn tun, wenn das erste Vergnügen erloschen ist? Ein anderer nimmt die Wohltat mit einer stolzen Miene an, als ob er sagen wollte: „Ich habe dies zwar nicht nötig; weil du es aber nicht anders haben willst, so will ich es annehmen"; wenn er dankt, so tut er kaum die Lippen voneinander, und bezeigt sich undankbarer, als wenn er geschwiegen hätte. Man muß sein Vergnügen recht lebhaft zu erkennen geben, insbesondere wenn die Sache von Wichtigkeit ist, und etwa sprechen: „Du kannst dir nicht vorstellen, was für eine Gefälligkeit du mir erwiesen hast; aber ich muß dir sagen, daß sie weit größer ist als du glaubst. Nie werde ich sie dir vergelten können; nie werde ich aufhören, überall zu bekennen, daß ich sie nicht vergelten kann."

Es gibt zweierlei Arten dankbarer Menschen. Dankbar wird nämlich genannt, wer für das, was er bekommen hat, etwas wieder gibt; dankbar wird aber auch genannt, wer den Wert der empfangenen Wohltat erkennt, und gegen den Wohltäter gutgesinnt ist. Wenn er auch weiter nichts als dieses tun kann, so ist er dennoch dankbar; er liebt, er wünscht seine Dankbarkeit tätig beweisen zu können. Es fehlt ihm nichts von dem, was du außer diesem verlangst. Es kann jemand ein Künstler sein, wenn er auch jetzt keine Werkzeuge hat, womit er seine Kunst ausüben kann; ein guter Sänger kann er sein, wenn auch seine Stimme vor dem Geräusch und Lärmen des Volks nicht gehört wird. So ist auch der dankbar, welcher bloß wünscht, seine Dankbarkeit tätig beweisen zu können, und keinen anderen Zeugen seines guten Willens hat als sein eigenes Gewissen.

Der unverdorbene Mensch fühlt schon einen natürlichen Trieb zur Dankbarkeit, und daher wird sie ebensowenig von einem bürgerlichen Gesetz geboten als die Liebe der Kinder gegen ihre Eltern, als die Liebe der Eltern zu ihren Kindern, und als die Liebe des Menschen gegen sich selbst; denn es ist überflüssig zu gebieten, was uns angeboren ist. Alle Tugenden, und so auch diese, gefallen wegen ihrer eigenen Natur und Beschaffenheit, und sie sind schon an sich selbst so angenehm, daß auch die Bösen sich nicht enthalten können, das Bessere zu billigen. Wer wünscht nicht für wohltätig gehalten zu werden? Wer wünscht nicht, selbst wenn er Laster und Ungerechtigkeiten begeht, daß man eine gute Meinung von ihm habe. Wer sucht nicht seinen schlimmsten Handlungen einen Schein der Rechtmäßigkeit zu geben? Niemand ist so tief gesunken und hat die Menschlichkeit so ganz ausgezogen, daß er bloß zu einem angenehmen Zeitvertreib lasterhaft sein könnte. Frage jeden Straßenräuber und Dieb, ob er nicht lieber auf eine erlaubte und gute Art dasjenige haben möchte, was er durch Rauben und Stehlen an sich gebracht hat? Man wird niemand finden, der nicht die Vorteile der Ungerechtigkeit lieber ohne Ungerechtigkeiten begangen zu haben, genießen wollte. Die Natur hat sich dadurch sehr wohltätig gegen uns bewiesen, daß die Tugend ihr Licht in aller Menschen Seelen eindringen läßt; auch diejenigen, die sie nicht ausüben, sehen sie doch.

Daß eine dankbare Gesinnung schon an sich selbst wünschenswürdig, Undankbarkeit hingegen an sich selbst zu verabscheuen und zu meiden ist, davon kann man sich leicht überzeugen, wenn man bedenkt, daß nichts die Eintracht des menschlichen Geschlechts so sehr stört und gleichsam zerreißt, als dieses Laster. Denn wodurch anders kann unsere Sicherheit erhalten werden, als durch Leistung gegenseitiger Dienste? Bloß dadurch wird das Leben mit allem Nötigen versehen, und gegen plötzliche Anfalle gesichert, daß wir uns gegeneinander wohltätig beweisen. Gesetzt jeder müßte von allen anderen abgesondert leben; was würden wir sein? Eine Beute und Schlachtopfer der Tiere. Andere lebendige Geschöpfe besitzen Kräfte genug zu ihrer Selbstverteidigung. Manche sind zum Herumfliegen geboren, und können sich dadurch vor Nachstellungen retten; andere, die ein einsames Leben führen, sind bewaffnet. Den Menschen umringt Schwachheit. Weder starke Klauen noch Zähne machen ihn den Tieren furchtbar; aber die Gesellschaft schützt den Nackten und Schwachen. Zwei Dinge machen den Menschen, der gar nichts vermögen würde, wenn er in einer wüsten Einöde leben müßte, zu dem stärksten unter allen lebendigen Geschöpfen, die Vernunft und die Gesellschaft; dadurch bemächtiget er sich aller Dinge. Die Gesellschaft hat ihm die Herrschaft über alle Tiere verschafft; die Gesellschaft hat den Erdensohn zum Herrn einer fremden Natur gemacht, so daß er seine Herrschaft auch auf dem Meer ausüben kann. Sie hat die Anfälle der Krankheiten abgetrieben, dem Alter Unterstützung, dem Bekümmerten Trost verschafft. Sie macht uns stark, weil wir gegen das Schicksal Beistand finden können. Vernichtet man sie, so wird das ganze menschliche Geschlecht vernichtet, weil das Leben durch sie erhalten wird; sie wird aber vernichtet werden, wenn ein undankbares Gemüt nicht an sich selbst für verabscheuungswürdig erkannt wird.

Wenn wir zur Dankbarkeit gegen wohltätige Menschen verpflichtet sind, so sind wir noch weit mehr zur Dankbarkeit gegen Gott verpflichtet. Denn wo ist ein Mensch, der so elend, so verlassen, einem so harten Schicksal unterworfen, so ganz zu seiner Qual geboren wäre, daß er nicht die Mildtätigkeit Gottes sollte empfunden haben? Man betrachte selbst jene Unzufriedenen, die ihr Los beweinen, und nie aufhören zu klagen. Man wird keinen finden, der nicht seinen Anteil an den Wohltaten des Himmels bekommen hätte, keinen, dem nicht etwas aus jener höchst wohltätigen Quelle zugeflossen wäre. Oder ist das, was allen, die geboren werden, in gleichem Maß mitgeteilt wird, etwas Geringes. Nichts von dem zu gedenken, was in der Folge in ungleichem Maß verteilt wird, hat denn die Natur wenig gegeben, indem sie sich selbst gegeben hat?

Du sprichst: „Gott erzeigt keine Wohltaten." Aber woher hast du denn, was du besitzt? Was du gibst? Was du versagst? Was du behältst, was du raubst? Woher die unzähligen Dinge, die deine Augen und Ohren ergötzen? Woher der Überfluß an Dingen, die zur Schwelgerei mißbraucht werden? Es ist nicht nur für unsere Bedürfnisse gesorgt worden; auch für unser Vergnügen ist mit Liebe gesorgt. So viele Bäume und Gesträucher, welche die mannigfaltigsten Arten der Früchte tragen, so viele heilsame Kräuter, so verschiedene Arten der Speisen sind durch das ganze Jahr so verteilt, daß die freiwillig wachsenden Früchte der Erde auch dem Trägen Nahrungsmittel geben können. Tiere von den verschiedensten Gattungen auf dem trockenen Land, in den Gewässern, in der Luft werden geboren, damit jeder Teil der Natur uns einen Tribut liefere. Diese Flüsse, welche mit den angenehmsten Krümmungen unsere Felder umgeben, jene, die den Weg zum Handel öffnen und schiffbar sind, dienen zu unserer Bequemlichkeit; und darunter sind einige, die an bestimmten Tagen auf eine wunderbare Weise anwachsen, um die dürren und unter einem heißen Himmelsstrich liegenden Gegenden zu befeuchten. Was soll ich von den Gesundbrunnen, was von den selbst an den Ufern sich ergießenden warmen Wassern sagen?

Wenn dir jemand wenige Morgen Landes geschenkt hätte, so würdest du es für eine Wohltat erkennen; aber jene unermeßlichen Räume sich weiterstreckender Länder willst du für keine Wohltat halten? Wenn dir jemand Geld geschenkt, und deinen Kasten (weil du das doch für etwas so wichtiges hältst) angefüllt hätte, so würdest du das für eine Wohltat erkennen; nun hat aber die Natur so viele Metalle, Gold, Silber, Erz, Eisen in dem Schoß der Erde vergraben, und an der Oberfläche der Erde bezeichnet, wo man diese verborgenen Reichtümer finden kann; willst du das für keine Wohltat halten? Wenn dir ein Haus geschenkt wird, in dessen Zimmern die Decken mit Marmor, Gold und mancherlei Farben geschmückt sind, so wirst du das für kein geringes Geschenk halten; nun aber hat dir Gott einen ungeheuer großen Wohnplatz erbaut, der keiner Feuersbrunst und keinem Einsturz ausgesetzt ist, auf welchem du nicht dünne Goldbleche, sondern ganze Massen der kostbarsten Steine, und eine ungeheure Menge von Materien, deren kleine Stückchen du bewunderst, sehen kannst, dessen Decke anders in der Nacht und anders am Tag schimmert; kannst du sagen, du hast kein Geschenk empfangen? Und da du dem, was du hast, einen großen Wert beilegst, glaubst du, daß du es niemand zu danken hast? Würde das nicht die größte Undankbarkeit sein? Woher hast du die Luft, die du atmest? woher dieses Licht, welches dich in den Stand setzt, deine Handlungen zu ordnen, woher das Blut, durch dessen

Umlauf die Lebenskraft und Wärme erhalten wird? Woher die Dinge, die deinen Gaumen mit den mannigfaltigsten, ausgesuchtesten Arten des Geschmacks bis zur Übersättigung reizen und ergötzen? Mußt du nicht, wenn du dankbar bist, bekennen, daß es Gott ist, dem du es zu danken hast? Du sprichst vielleicht: „Die Natur gibt mir dies alles." Aber was ist die Natur? Wer ist ihr Urheber? Wer erhält sie in ihrer Ordnung? Gott ist es, die erste Ursache aller Dinge, von welcher alle übrigen abhängen. Er ist es, dem du die innigste Dankbarkeit schuldig bist.

Endlich ist noch kürzlich zu zeigen, wie man sich gegen Undankbare verhalten soll? Ruhig, sanftmütig, großmütig. Nie soll dich ein grober, undankbarer Mensch so sehr beleidigen, daß es dir dennoch nicht angenehm sein sollte, Wohltaten erzeigt zu haben. Nie soll dir eine zugefügte Beleidigung die Worte auspressen: „Ich wünschte, daß ich es nicht getan hätte." Nie darfst du dich darüber entrüsten, als ob dir etwas Neues begegnet wäre; vielmehr solltest du dich wundern, wenn es dir nicht begegnet wäre. Den einen hält die Mühe, die er übernehmen, den anderen der Aufwand, den er machen soll, ab, die Wohltat zu vergelten, wenn er es auch tun könnte; wieder einen anderen falsche Scham, um nicht das Geständnis abzulegen, daß er eine Wohltat empfangen habe, indem er sie erwidert; einen anderen Trägheit, einen anderen Beschäftigung. Betrachte, wie die unersättlichen Begierden der Menschen immer mehr fordern: du wirst dich nicht wundern, daß da niemand gibt, wo niemand genug bekommt.

Überlege ferner, ob du selbst dich gegen alle diejenigen, denen du etwas zu danken hast, dankbar gewesen bist, und ob dich die Erinnerung an alle empfangenen Wohltaten begleitet? Du wirst einsehen, daß du als Jüngling vergessen hast, was dir in deinem Knabenalter gegeben worden ist; und daß das Andenken an die Wohltaten, die dir in deinem Jünglingsalter erwiesen worden sind, nicht bis in das Alter fortdauert. Einige haben wir schlecht angewendet, andere haben wir weggeworfen, andere haben wir vergessen, und von anderen wenden wir die Augen weg. Zu deiner Entschuldigung will ich noch anführen, daß unser Gedächtnis schwach ist, und nicht hinreicht die Menge der Dinge, die wir wahrnehmen, zu fassen. Notwendig muß es so viel verlieren als es annimmt, und das Älteste durch das Neueste vergraben. So kam es, daß du deine Amme am wenigsten geachtet hast, weil das folgende Alter ihre Wohltat in weite Entfernung zurückgesetzt hat; so kam es, daß du deinen Lehrer nicht so geschätzt hast, wie er es verdient. Wenn du dich sorgfältig wirst geprüft haben, so wirst du vielleicht den Fehler, über den du dich beklagst, in deinem eigenen Busen finden. Es ist unbillig, dich über ein allgemeines, und töricht, dich über dein eigenes Laster zu entrüsten. Verzeihe, damit man auch dir verzeihe. Durch Nachsicht wirst du den Undankbaren vielleicht bessern; aber durch Vorwürfe wirst du ihn verschlimmern. Er ist nicht der, wofür wir ihn gehalten haben; wir wollen die bleiben, die wir gewesen sind, ihm unähnlich. Wir wollen ihn so gut als möglich bei uns selbst entschuldigen: Vielleicht konnte er sich nicht dankbar bezeigen; vielleicht wußte er nicht, daß er dazu verbunden sei; vielleicht wird er in Zukunft tun was er noch nicht getan hat. Der bedachtsame und verständige Gläubiger hat manchen Schuldner, mit welchem er Nachsicht hatte, gebessert. Das Nämliche müssen auch wir zu tun uns bestreben.

Anhaltende Güte besiegt die Bösen. Niemand ist leicht gegen das, was liebenswürdig ist, so unempfindlich, daß er es, auch mit Gewalt dazu gezogen, nicht lieben sollte. Man hat sich nicht dankbar gegen mich bezeigt. Was soll ich tun? Was Gott, der Urheber alles Guten, zu tun pflegt, der den Menschen Wohltaten erzeigt ehe sie es wissen, und fortfährt ihnen Gutes zu tun, wenn sie gleich undankbar sind. Dieser beschuldigt ihn der Gleichgültigkeit gegen menschliche Angelegenheiten, jener der Ungerechtigkeit. Aber gleich guten Eltern, die zu den Scheltworten ihrer kleinen Kinder lächeln, hört er nicht auf, auch diejenigen, die noch zweifeln, ob er der Urheber der Wohltaten sei, mit

Wohltaten zu überhäufen. Mit immer gleicher Beharrlichkeit verteilt er seine Güter unter alle Nationen und Völker, läßt regnen zu rechter Zeit, bewegt das Wasser der Meere mit seinem Wind, erhält die Gestirne in ihrem Lauf, und die Jahreszeiten in ihrer Ordnung, und hat gnädige Nachsicht mit den Fehlern der schwachen Sterblichen. Ihm wollen wir nachahmen, wenn wir gleich vieles vergeblich gegeben haben. Wir wollen anderen geben; wollen selbst denen geben, die uns mit Undank belohnt haben. Niemand läßt sich abhalten ein Haus zu bauen, weil es einstürzen kann; wenn eine Feuersbrunst unsere Wohnung verzehrt hat, so legen wir sogleich den Grund zu einer neuen; und zerstörte Städte werden öfters auf dem nämlichen Grund und Boden wieder aufgebaut. So beharrlich ist das menschliche Gemüt in seiner Erwartung des Guten. Alle Geschäfte der Menschen zu Wasser und zu Lande würden aufhören, wenn man nicht immer versuchte das Verfallene wieder herzustellen. Wir wollen daher auch im Geben nicht ermüden, wenn wir gleich oft mit Undank belohnt worden sind; nur bedachtsamer wollen wir geben.

VII.

Von der Gemütsruhe.[16]

EIN Freund eröffnete dem Seneca seinen Gemütszustand, und bat ihn um einen guten Rat. „Ich entdecke", schrieb er an ihn, „bei meiner Selbstprüfung offenbare Fehler an mir, die ich gleichsam mit Händen greifen kann; andere, die ich nur dunkel, wie im Hintergrund bemerke, und noch andere, die ich zwar selten begehe, die mich aber bisweilen unvermutet überraschen; und diese letzteren sind mir am beschwerlichsten. Sie sind gleich einem umherschwärmenden Feind, der uns nur bei Gelegenheit überfällt, so daß wir weder wie im Krieg gerüstet, noch wie im Frieden sicher sein können. Ich finde, (denn warum sollte ich dem Arzt die Wahrheit nicht gestehen?) daß ich von jenen gefürchteten und von mir verabscheuten Fehlern weder ganz frei noch von ihnen gefesselt bin. Der Zustand, in welchem ich mich befinde, ist zwar nicht der schlimmste; er ist aber doch kläglich und beschwerlich. Ich bin weder krank noch gesund. Sage mir nicht, daß die Tugend im Anfang noch schwach ist, und daß sie nach und nach Dauer und Stärke gewinnt; das weiß ich wohl. Aber ich fürchte, durch Gewohnheit, welche den Dingen Stetigkeit gibt, möchte dieser Fehler zu tief bei mir einwurzeln. Wie diese zwischen Gutem und Bösem hin

---

[16] Manche Gelehrte haben behauptet, in dieser Abhandlung sei eine schlechte, oder eigentlich gar keine Ordnung. Und wahr ist es, daß der Zusammenhang durch viele Digressionen oft unterbrochen wird. Wenn man aber diese wegläßt, wie ich getan habe, so scheint eine ziemlich gute Ordnung hervorzugehen.

und her wankende Schwachheit des Gemüts beschaffen sei, das kann ich dir nicht auf einmal, sondern nur teilweise beschreiben.

Ich will dir sagen was mir begegnet; du wirst der Krankheit einen Namen zu geben wissen. Ich bin ein großer Freund der Sparsamkeit; das gestehe ich. Ich liebe weder eine prächtige Wohnung, noch kostbare Kleidung. Mir gefällt ein schlechtes, gewöhnliches Kleid, mäßige und wohlfeile Kost, die ich überall haben kann, die weder meinem Vermögen noch meinem Körper nachteilig ist. Mir gefallen keine kostbaren, sondern gewöhnliche, zum Gebrauch dienliche Möbel. Wenn ich aber aus meiner Abgeschiedenheit in die große Welt, in vornehme Gesellschaften gekommen, oder zu Gast gewesen bin; wenn ich die prächtigen Zimmer, wo alles von Gold und Silber glänzt, und die mit den ausgesuchtesten Leckerbissen besetzten Tafeln gesehen habe; dann fange ich an zu stutzen, es entsteht eine gewisse Unruhe in meinem Gemüt; ich gehe zwar nicht schlimmer, aber trauriger hinweg, und fange an zu zweifeln, ob jene prächtige Lebensart nicht besser sei als die meinige. Ich ändere zwar meine bisherige Gewohnheit nicht, ich werde aber einigermaßen wankend. Ich bestrebe mich, die Vorschriften der Weisen zu befolgen; ich trachte nicht nach hohen Dingen und Ehrenstellen, suche nur meinen Freunden, Anverwandten, Mitbürgern und allen Menschen, mit welchen ich in Berührung komme, nützlich zu werden. Niemand darf mir meine Zeit rauben, wenn er mir diesen Aufwand nicht vergütet; aber bisweilen mische ich mich doch in Angelegenheiten, wozu ich keinen Beruf habe, und bemühe mich für andere, ob ich gleich einsehen könnte, daß meine Mühe vergeblich sein wird. Ich will mich nicht durch Schriften berühmt machen. Die Nachkommen, denke ich, sollen nicht von dir sprechen: „Du bist zum Sterben geboren; eine stille Leiche verursacht weniger Mühe"; aber bisweilen lege ich doch auf den Nachruhm einen zu hohen Wert. So geht es mir in mehreren Dingen. Überall begleitet mich diese Schwachheit, und bei diesem beständigen hin und her wanken fürchte ich, es könnte am Ende so weit mit mir kommen, daß ich meine Fehler nicht einmal für das hielte, was sie sind, und mein Gemüt sich verschlimmerte. Denn wir alle haben eine günstige Meinung von uns selbst. Viele würden vielleicht weise geworden sein, wenn sie sich nicht manche Fehler verhehlt, oder mit offenen Augen übersehen hätten. Wir werden mehr dadurch, daß wir uns selbst schmeicheln, als durch die Schmeicheleien anderer Menschen verschlimmert. Wer wagt es, sich die Wahrheit zu sagen? Wer hat sich, wenn er von Schmeichlern umgeben war, nicht selbst geschmeichelt? Wenn dir daher ein Mittel gegen diese Wankelmütigkeit bekannt ist, so bitte ich dich um Mitteilung desselben; dann werde ich dir meine Gemütsruhe zu danken haben. Wenn ich das Übel, worüber ich klage, mit einem passenden Gleichnis ausdrücken wollte, so würde ich sagen: ich werde zwar durch keinen Sturm geängstigt; ich habe aber die Seekrankheit. Komme daher dem bei dem Anblick des Landes Kranken und Bekümmerten zu Hilfe."

Hierauf antwortet Seneca: „Ich habe, mein Freund, schon lange bei mir nachgedacht, womit ich einen solchen Gemütszustand vergleichen könnte. Ich glaube aber, solche Menschen könnten am besten mit denen verglichen werden, die nach der Genesung von einer langwierigen Krankheit durch jede kleine Bewegung ermüdet werden, sich über jede Kleinigkeit ärgern, jede Hitze ihres Körpers für verdächtig halten, und noch immer den Arzt um Rat fragen, weil sie ihrer Gesundheit noch nicht trauen. Solche Menschen sind ziemlich gesund; sie sind aber der Gesundheit noch nicht gewohnt. Es ist daher nicht nötig, daß du dich über deine vorübergehenden Schwachheiten, als Überbleibsel deiner Krankheit, zu sehr beunruhigst, und über dich zürnst. Habe nur Zutrauen zu dir selbst, und gehe auf dem richtigen Weg, den du betreten hast, getrost fort, ohne dich von anderen irreleiten zu lassen.

Was du an dir vermißt, ist ein großes Gut – Gemütsruhe. Wir müssen daher untersuchen, was sie sei, und wie sie erlangt werden könne. Man besitzt dieses Gut, wenn das Gemüt sich immer gleich bleibt, mit sich selbst ausgesöhnt, vergnügt und zufrieden ist; wenn dieses Vergnügen nie vernichtet wird; wenn es sich stets in seiner stillen Fassung erhält. Wie man dazu gelangen könne, will ich im allgemeinen zeigen; du kannst von diesem zum allgemeinen Gebrauch angebotenen Mittel so viel nehmen als du willst.

Aber vor allen Dingen müssen wir auf die Quellen der Gemütsunruhe zurückgehen, welche von verschiedener Art und Beschaffenheit sind; jeder mag sich prüfen, aus welcher die seinige entspringe. Bei manchen entspringt sie aus Überdruß des Gewöhnlichen und einer übertriebenen Liebe zu Veränderungen. Beständig ändern sie ihren Vorsatz, und immer gefällt ihnen was sie verlassen haben wiederum besser. Es geht ihnen wie denen, die nicht gut schlafen können, und sich bald auf diese, bald auf die andere Seite umwenden, bis sie vor Ermüdung einschlafen. Sie ändern ihre Lebensweise von einer Zeit zur anderen, und zuletzt beharren sie bei der zuletzt gewählten, nicht weil sie der Veränderungen überdrüssig sind, sondern weil es ihnen wegen ihres Alters zu beschwerlich ist, eine neue Veränderung vorzunehmen. Dahin gehören auch diejenigen, die bloß aus Trägheit ihre Lebensweise selten ändern. Sie leben nicht wie sie wollen, sondern wie sie angefangen haben zu leben. Es gibt außerdem noch unzählige Eigenschaften dieses Fehlers; aber die Wirkung ist dieselbe – daß man sich selbst mißfällt.

Dieses Übel hat seinen Grund in unmäßigen Begierden, die man entweder aus Furchtsamkeit nicht zu befriedigen wagt, oder deren Befriedigung das Glück nicht begünstigt. Man schmeichelt sich immer mit Hoffnungen, die nicht in Erfüllung gehen, und lebt in beständiger Ungewißheit. Man zwingt sich zu schweren, unerlaubten Unternehmungen, und wenn sie mißlingen, so schämt man sich seiner vergeblichen Bemühungen, und bereut nicht sowohl seine bösen Taten, als vielmehr das Mißlingen derselben. Dann fürchtet man sich etwas Neues zu unternehmen, und wird dennoch nicht ruhig, weil man seine

Begierden weder mäßigen noch befriedigen kann. Zieht man sich von Geschäften zurück, so findet man auch in dieser Abgezogenheit keine Ruhe, weil man keinen Trost in sich selbst findet, und sogar das Vergnügen entbehrt, welches Beschäftigungen zu gewähren pflegen. Sich selbst überlassen betrachten sie sich mit Widerwillen, und können weder Familie, noch Einsamkeit, noch die Wände ihres Hauses leiden. Daher entsteht jener Verdruß, jenes Mißfallen an sich selbst, und unaufhörliche Gemütsunruhe. Man klagt, daß man nichts zu tun habe, und beneidet andere, deren Unternehmungen einen glücklichen Fortgang haben; denn unglückliche Trägheit nährt den Neid, und weil sie sich selbst nicht forthelfen kann, so wünscht sie, daß alle anderen zugrunde gehen möchten. Man zürnt über das Schicksal, zieht sich in seine Winkel zurück, brütet über seiner Strafe, und ist seines Lebens überdrüssig. Vielleicht sucht man sich zu zerstreuen, stellt Reisen an, nimmt seinen Aufenthalt bald an diesem, bald an jenem Ort, und ist gleichsam auf einer beständigen Flucht. Aber was nützt es, wenn man sich selbst nicht entfliehen kann? Der beschwerlichste Gefährte folgt und drängt überall. Die Schuld unserer Unbehaglichkeit liegt nicht in den Orten, wo wir uns befinden, sondern an uns selbst. Manche haben aus Überdruß beständiger Veränderungen sich sogar das Leben genommen.

Fragst du, wie man sich gegen diese verdrießliche Gemütsbeschaffenheit verwahren könne, so rate ich vor allen Dingen, dich stets auf eine nützliche Art zu beschäftigen. Verrichte die dir obliegenden Geschäfte in deinem Amt und in deinem Beruf mit Fleiß, Treue und Gewissenhaftigkeit; hierdurch wirst du dir die Achtung und Liebe deiner Mitmenschen erwerben. Auch stille Tugend bleibt nicht verborgen; sie gibt immer Gelegenheit Gutes zu tun. Das trägt überaus viel zur Gemütsruhe bei; denn es gewährt nicht nur Vergnügen, sondern ist auch rühmlich. Es ist nichts verächtlicher als ein Greis, der keinen anderen Beweis, daß er lange gelebt habe, anführen kann, als sein Alter.

Auch eine treue, angenehme Freundschaft trägt überaus viel zu unserem Vergnügen und zur Beförderung unserer Gemütsruhe bei. Wie ein großes Gut ist es, wenn wir Freunde haben, denen wir unsere Geheimnisse sicher anvertrauen können, die unseren Kummer lindern, uns guten Rat erteilen, uns in den Stunden der Traurigkeit aufheitern, deren Anblick sogar uns ergötzt! Nur müssen wir gutgesinnte Freunde wählen; denn schleichende Laster stecken jeden an, der sich ihnen nähert, und schaden durch ihre Berührung. So wie wir uns also in Pestzeiten vorsehen müssen, daß wir uns an Personen, die mit dieser Krankheit behaftet sind, nicht zu nahe hinsetzen, weil schon ihr Hauch uns schaden könnte; so müssen wir bei der Wahl unserer Freunde alle mögliche Vorsicht anwenden, und nur solche annehmen, die am wenigsten verdorben sind. Damit will ich nicht sagen, daß man sich bloß um die Freundschaft eines Weisen bewerben soll; denn wo werden wir den finden, den wir in so vielen Jahrhunderten suchen? Der Beste ist, der die wenigsten Fehler hat. Vornehmlich müssen wir diejenigen meiden, die zur Traurigkeit gestimmt sind, die alles beweinen, und überall Stoff zu klagen finden. Wenn auch solche Menschen treue und wohlwollende Freunde sein könnten, so werden sie doch als verdrießliche, alles beseufzende Gefährten unserer Gemütsruhe schaden.

Vielen Stoff zu den Sorgen und Kümmernissen der Menschen geben die zeitlichen Güter. Denn wenn wir alle Übel, die uns ängstigen, Sterbefälle, Krankheiten, Schmerzen und mühsame Arbeiten mit denen vergleichen, die das Geld verursacht, so werden die Letzteren bei weitem die beschwerlichsten sein. Wir müssen daher bedenken, daß Nicht-haben weit weniger schmerzt als Verlieren; und dann werden wir einsehen, daß die Armut eben deswegen, weil sie weniger verlieren kann, weniger Stoff zur Qual und zur Unruhe gibt. Mann irrt, wenn man glaubt, der Reiche könne einen Verlust leichter verschmerzen als der Arme. Eine Wunde verursacht den größten und den kleinsten

Körpern die nämlichen Schmerzen. Der weise Bion[17] sagt sehr schön: „Dem Wohlbehaarten ist es ebenso empfindlich als dem Kahlen, wenn man ihm Haare ausrauft." Ebendasselbe gilt von Reichen und Armen; ein Verlust verursacht ihnen gleiche Qual; denn ihr Geld hat sich an sie angehängt, und kann ohne Empfindung nicht abgerissen werden. Es ist aber, wie ich bereits gesagt habe, erträglicher und leichter nicht erwerben als verlieren; und daher wird man sehen, daß diejenigen, die das Glück nicht begünstigt hat, vergnügter sind als diejenigen, die dasselbe verlassen hat. Weit glücklicher als der Reiche ist derjenige, der keinem etwas zu danken hat, als sich selbst, dem er am leichtesten etwas versagen kann. Weil wir aber nicht so viel Geistesstärke besitzen, daß uns jeder Verlust gleichgültig sein kann, so müssen wir wenigstens das Bestreben, Vermögen zu erwerben, mäßigen, damit wir den Schlägen des Schicksals weniger ausgesetzt sind. Es ist am besten, wenn wir so viel Geld und Gut besitzen, daß wir weder arm, noch von der Armut zu weit entfernt sind.

Mit einem solchen Maß des Vermögens werden wir zufrieden sein, wenn wir uns zur Sparsamkeit gewöhnt haben, ohne welche die größten Reichtümer weder genügen, noch vermehrt werden können, da hingegen der Arme durch Hilfe einer frugalen Lebensart reich werden kann. Wir wollen daher alle Prachtliebe von uns entfernen, und die Dinge nicht nach ihrem Schmuck, sondern nach ihrem Nutzen abmessen. Speise stille den Hunger; Trank lösche den Durst. In Putz und Kleidung wollen wir uns nicht nach neuen Moden, sondern nach den Sitten unserer Vorfahren richten. Wir wollen uns in der Enthaltsamkeit üben, den Trieb zur Schwelgerei und Völlerei bezähmen, Armut mit Gleichmütigkeit betrachten, und uns der Mäßigkeit befleißigen. Überspannte, weit in die Zukunft hinausgehende Hoffnungen wollen wir in Fesseln halten, und darauf bedacht sein, mehr durch uns selbst

---

[17] Bion von Borysthenes, * 335 v. Chr. - ✣ 252 v. Chr., ein griechischer Philosoph der kynischen Schule.

als durch das Glück reich zu werden. Über widrige Zufälle, die in dem menschlichen Leben unvermeidlich sind, wollen wir uns nicht zu sehr beunruhigen. Sie dienen zu unserem Besten. Oft muß Böses mit Bösem vertrieben werden.

Aber vielleicht bist du an eine mühsame, beschwerliche Lebensart gebunden, von welcher du dich wegen deiner Verhältnisse nicht losmachen kannst; das Schicksal hat dir eine Schlinge angelegt, die du weder auflösen noch abreißen kannst. Aber bedenke, daß es Gefesselten im Anfang äußerst schwer wird, Lasten zu tragen, und in ihren Fesseln fortzuschreiten, daß es ihnen aber durch Gewohnheit nach und nach leichter wird. Man findet in jedem Beruf Annehmlichkeiten, Erholungen und Vergnügen, wenn man sich lieber mit ihm aussöhnen, als unzufrieden sich darüber beklagen will. Da wir von unserer Geburt an so vielen Mühseligkeiten unterworfen sind, so ist es eine wohltätige Einrichtung unserer Natur, daß wir uns nach und nach an alles gewöhnen, und dadurch unsere Trübsale lindern können, so daß uns das Beschwerlichste leichter wird. Niemand würde ausdauern, wenn anhaltende Widerwärtigkeiten stets einen so starken Eindruck auf uns machten, als der erste Schlag auf uns gemacht hat.

Wir alle sind dem Schicksal angeknüpft. Einige tragen goldene und weite, andere tragen schlechtere und engere Ketten. Was für ein Unterschied ist aber zwischen beiden? Dieselbe Wache hat uns alle umgeben. Auch diejenigen, die uns Fesseln angelegt haben, sind gefesselt. Den einen fesselt die Ehre, den anderen der Reichtum; einige drückt ihr vornehmer, andere ihr niedriger Stand. Man muß sich daher an seine Lage gewöhnen, und sich so wenig als möglich darüber beklagen, sondern alles Vorteilhafte, was damit verbunden ist, benutzen. Es ist nichts so traurig, wobei ein gelassenes Gemüt nicht Trost finden könnte. Brauche bei allen Schwierigkeiten, womit du zu kämpfen hast, deine Vernunft. Auch das Harte kann geschmeidig gemacht, das Enge erweitert, der Druck des Schweren vermindert werden, wenn man es geschickt zu tragen weiß. Unsere Hoffnungen wollen wir nur auf das naheliegende einschränken, weil sie doch nicht ganz eingeschlossen werden können. Mit Hintansetzung desjenigen, was entweder gar nicht oder mit genauer Not geschehen kann, wollen wir nur das zu erlangen suchen, was wir wegen günstiger Umstände zu erlangen hoffen können. Diejenigen, die auf einem höheren Posten stehen, wollen wir nicht beneiden; was erhaben zu sein schien, ist steil. Der Glückliche sei nicht stolz. Nichts wird uns mehr vor Gemütsunruhe verwahren, als wenn wir unseren Wünschen und Unternehmungen das gehörige Ziel zu setzen wissen.

Was ich bisher gesagt habe, gehört für Unvollkommene, die noch keine hohe Stufe der Tugend erreicht haben, jedoch auf dem Weg der Besserung sind, nicht für den Weisen. Denn dieser schreitet nicht furchtsam, nicht langsam fort; er hat ein so großes Zutrauen zu sich selbst, daß er kein Bedenken trägt, dem Schicksal entgegenzugehen, und ihm nie und nirgends ausweicht. Er hat auch nicht Ursache dasselbe zu fürchten, weil er nicht nur zeitliche Güter und Würden, sondern auch seinen Leib, Augen und Hand, und was das Leben wünschenswürdig machen kann, und sich selbst unter die Dinge zählt, die man nur auf Widerruf zu geben pflegt, die ihm nur geliehen sind. Er gibt sie daher ohne Traurigkeit zurück, so bald sie ihm wieder abgefordert werden. Er verachtet sich aber deswegen nicht, weil er nicht sich selbst angehört; sondern er tut alles, was ihm obliegt, mit einer so großen Sorgfalt und Vorsichtigkeit, wie ein gewissenhafter und ehrlicher Mann ein ihm anvertrautes Gut aufzubewahren pflegt. Wenn ihm aber befohlen wird, dasselbe zurückzugeben, so wird er nicht mit dem Schicksal rechten, sondern sprechen: „Ich danke für das, was ich bisher besessen und gehabt habe. Ich habe zwar für die Bewahrung deines Eigentums eine große Belohnung bekommen, die ich nun verlieren werde; weil du es aber befiehlst, so gebe ich es dankbar und gern zurück. Willst du mir noch etwas von dem Deinigen lassen, so will ich es auch noch jetzt bewahren; gefällt dir aber das Gegenteil, so magst du mein rohes und geprägtes Silber, mein Haus und meine Familie hinnehmen." Fordert Gott was er zuerst gegeben hat, unser Leben, so wollen wir auch zu ihm sagen: „Nimm den Geist, der nun besser ist als er war, da du ihn gabst; ich suche keine Ausflucht; ich weigere mich nicht; nimm hin was du mir gegeben hast, ehe ich es noch empfand." Wie könnte es denn schwer sein, wieder dahin zu gehen, woher man gekommen ist? Wer nicht gelernt hat wohl zu sterben, der hat nicht wohl gelebt.

Der Weise wird sich schon zum voraus auf alle künftigen Schicksale gefaßt machen, so daß ihm nichts von dem allen, was ihm begegnet, unerwartet sein wird, und hierdurch werden ihm die härtesten Schicksale erträglich werden. Er wird immer bedenken, daß ihm eben das begegnen kann, was so vielen tausend Menschen begegnet ist. Der Reiche kann verarmen, der Hohe gestürzt werden; selbst Königreiche sind nicht sicher vor dem Fall und Untergang. Wer sich bei diesen Veränderungen und Abwechslungen der Dinge auf zukünftige Fälle nicht gefaßt gemacht hat, der übergibt sich der Gewalt des Schicksals; hingegen hat der die Gewalt desselben geschwächt, der schon vorhergesehen hat, daß es auch ihn treffen könne.

Wer seine Gemütsruhe bewahren will, der mische sich nicht in fremde Händel, wozu er keinen Beruf hat. Manche wollen sich immer etwas zu tun machen, ohne recht zu wissen, was und warum sie es tun wollen. Wenn man einen solchen Menschen, indem er aus seiner Wohnung herausgeht, fragt: „Wohin? Was hast du vor?" so wird er antworten: „Ich weiß es wahrhaftig nicht, aber ich will einige Besuche abstatten; ich will etwas tun." Ohne eine gewisse Absicht zu haben, laufen sie herum, und suchen nicht Beschäftigungen, wozu sie sich entschlossen haben, sondern wie sie ihnen von ungefähr aufstoßen. Sie sind ähnlich den durch Gebüsche kriechenden Ameisen, die sich ohne Absicht bald oben, bald unten herumtreiben. Man könnte ihr Leben mit Recht eine unruhige Trägheit nennen. Den ganzen Tag schweifen sie herum etwas Neues zu sehen und zu hören; und wenn sie hernach mit einer ganz unnötigen Ermüdung nach Hause kommen, so schwören sie, sie wüßten selbst nicht warum sie ausgegangen, und wo sie gewesen sind; am folgenden Tag tun sie dasselbe, was sie am vorigen getan haben. Aus diesem Übel entspringt jenes häßliche Laster, das Belauschen, das Erforschen öffentlicher und geheimer Angelegenheiten, und das Wissen um viele Dinge, die ohne Gefahr weder gehört noch erzählt werden können. Wer ruhig leben will, der darf sich nicht in unnötige, ihn nichts angehende Geschäfte einmischen.

Der Weise sichert seine Gemütsruhe auch dadurch, daß er sich bei seinen Unternehmungen, wenn sie auch rechtmäßig sind, immer vorstellt, sie könnten vielleicht nicht gelingen. „Ich will", wird er sprechen, „eine Reise anstellen, wenn nichts dazwischen kommt; ich will mich um ein Amt bewerben, wenn mir nicht Hindernisse in den Weg gelegt werden. Vielleicht wird mir das Geschäft, welches ich jetzt unternehme, gelingen; es kann aber auch das Gegenteil erfolgen." So ist es zu verstehen, wenn wir behaupten, dem Weisen begegne nichts wider seine Erwartung. Wir sagen nicht, es gehe ihm alles glücklich vonstatten, sondern es gehe ihm so wie er gedacht hat; er hat aber gedacht, sein Vorhaben könne vereitelt werden. Notwendig muß aber der Schmerz über einen vereitelten Wunsch geringer sein, wenn man ihm schon vorher keinen glücklichen Erfolg versprochen hat. Manche berauben sich ihrer Gemütsruhe dadurch, daß sie ihre Aufmerksamkeit bloß auf die Fehler und Laster der Menschen richten, und sich so sehr darüber entrüsten, daß ihr Mißfallen am Bösen in Menschenhaß ausartet. Ihr Gemüt wird gleichsam mit Finsternis umwölkt, wenn sie sich vorstellen, wie selten Ehrlichkeit, Unschuld, Treue und Glauben unter den Menschen gefunden werden, wie schrecklich das Sittenverderben in allen Ständen überhandgenommen hat, und wie wenig es nützt tugendhaft zu sein. Heraklit[18] weinte, so oft er ausging und Menschen sah: Demokrit[19] hingegen lachte. Jener hielt alles was wir tun für etwas Bejammernswürdiges; dieser für Narrheit. Allein es ist besser, die Sitten der Menschen glimpflich zu beurteilen, und weder in Gelächter noch in Tränen darüber auszubrechen. Denn sich über fremde Übel quälen, ist ein ewiges Elend, und sich über fremde Übel belustigen, ist eine unmenschliche Wollust.

Aber billig muß man sich betrüben, wenn man sich erinnert und erfährt, daß rechtschaffene Männer für ihre Verdienste mit Undank belohnt, und sogar gleich Verbrechern hingerichtet worden sind. Dies muß unser Gemüt notwendig beunruhigen. Denn was kann der Tugendhafte für sich hoffen, wenn er sieht, daß die Besten das Schlimmste dulden müssen? Was ist aber zu tun? Forsche wie jene Männer ihre Leiden erduldet haben. Wenn sie sich herzhaft dabei verhielten, so wünsche dir ihren Mut; haben sie sich weibisch und feige dabei benommen, so war nichts an ihnen verloren. Sie sind entweder wert, daß dir ihr Mut gefalle, oder nicht wert, daß du ihre Feigheit wünschst. Die Beispiele unschuldig Leidender dürfen uns in dem Lauf des Guten nicht ermüden. Denn was ist schändlicher, als wenn man sich durch den mutvollen Tod der größten Männer zur Furchtsamkeit verleiten läßt? Wir wollen sie nicht beklagen, sondern loben. Sie sind allen menschlichen Unfällen, dem Neid, den Krankheiten entflohen, und von allen Übeln auf immer befreit. In kurzer Zeit sind sie in ein unsterbliches, seliges Leben hinübergegangen.

Eine der vornehmsten Ursachen der Gemütsunruhe ist auch Mangel der Aufrichtigkeit und Offenheit, wenn man sich zwingen muß anders zu scheinen als man wirklich ist. Es gibt Menschen, deren ganzes Leben eine unaufhörliche Verstellung ist, die sich anderen nur von

---

[18] Heraklit von Ephesos, * 520 v. Chr. - ✶ 460 v. Chr., ein griechischer, vorsokratischer Philosoph.

[19] Demokrit von Abdera; * 459 v. Chr. - ✶ 370 v. Chr. ein griechischer, vorsokratischer Philosoph.

einer vorteilhaften Seite zeigen will. Es ist aber eine rechte Qual, wenn man immer auf sich acht haben und fürchten muß, man könnte für etwas gehalten werden, wofür man nicht gehalten zu werden wünscht. Man wird der Sorgen niemals los, wenn man glaubt, man werde beurteilt, so oft man angesehen wird, und dennoch kann sich manches ereignen, wodurch man wider seinen Willen in seiner Blöße dargestellt wird. Gesetzt aber, man erreiche seinen Zweck durch beständige Aufmerksamkeit auf sich selbst, so ist es doch kein angenehmes Leben, wenn man es immer unter einer Maske zubringen muß. Wie angenehm ist hingegen eine ungeschminkte Aufrichtigkeit, die keine Ursache hat ihre Sitten zu verbergen! Jedoch darf man nicht in allen Stücken gegen jedermann zu offenherzig sein; denn dadurch würde man sich manchen Gefahren auesetzen. Es ist ein großer Unterschied zwischen einem redlichen und leichtsinnigen Verhalten.

Endlich ist es nötig, daß man sich bisweilen von seinen Arbeiten und Geschäften erhole, und sich auf eine angenehme, unschuldige Art zerstreue. Denn durch beständige Anstrengung wird man zu sehr ermattet, die Kräfte werden abgestumpft, und man wird verdrießlich. Wenn man hingegen ausgeruht hat, so geht alle Arbeit besser vonstatten. Sokrates schämte sich nicht mit Knaben zu spielen. Die alten Gesetzgeber haben Feste angeordnet, um das Volk zum Frohsinn zu veranlassen, und große Männer haben in jedem Monat einige Tage zu ihrer Erholung ausgesetzt; andere haben täglich zwei Stunden dazu bestimmt. Auch werden Spaziergänge und Bewegungen in der freien Luft viel zur Aufheiterung des Gemüts beitragen. Jedoch wird nichts von dem allen hinreichen unsere Gemütsruhe zu sichern, wenn wir uns nicht befleißigen ein gutes Gewissen zu bewahren."

VIII.

Aus den Naturbetrachtungen.

DERJENIGE Teil der Weisheitslehre, der sich mit Betrachtungen über Gott und über himmlische Dinge beschäftigt, ist weit erhabener und angenehmer als derjenige, dessen Gegenstand die Sittenlehre ist. Dieser lehrt, was man auf Erden tun soll; jener, was am Himmel vorgeht. Dieser gibt uns ein Licht zur Entdeckung unserer Irrtümer, und zu unserer Leitung auf den Irrwegen des Lebens; jener geht weit über die Dunkelheit, die uns umgibt, hinaus, und führt uns dahin, wo es hell ist. Jedes Bemühen in die Geheimnisse der Natur einzudringen, verursacht mir Vergnügen; wenn ich lerne, wer der Urheber dieser Welt, ihr Erhalter und Regierer sei, ob Gott auf uns achtet, ob er täglich etwas schaffe, oder nur einmal geschaffen habe, ob er noch jetzt Entschließungen fassen, und den Lauf der Natur ändern könne; oder ob es Verkleinerung seiner majestätischen Größe sei, wenn man annimmt, daß er den Plan seiner Regierung ändern könne.

Wenn mir nicht erlaubt wäre, solche Untersuchungen anzustellen, so wüßte ich nicht, warum ich geboren wäre. Denn was für Ursache hätte ich, mich zu freuen, daß ich eine Stelle unter der Zahl der Lebendigen einnehme? Bin ich nur dazu geboren, daß ich essen und trinken, daß ich diesen vergänglichen, sterblichen Leib immerfort anfüllen und mästen, und als ein Krankenwärter leben, daß ich den Tod fürchten soll, dem wir alle unterworfen sind? Entziehe mir dieses unschätzbare Gut, (das Vergnügen mich mit Betrachtung höherer Gegenstände zu beschäftigen,) so ist das Leben nicht so viel wert, daß ich wegen desselben arbeite und mich abhärme. O welch ein verächtliches Ding ist der Mensch, wenn er sich nicht über menschliche Dinge erhebt! Welche herrlichen Taten verrichten wir denn, so lange wir mit unseren Leidenschaften kämpfen? Wenn wir auch die Herrschaft über sie errungen haben, so haben wir Ungeheuer besiegt. Wie dürften wir uns denn um deswillen hochachten, weil wir besser sind als die Schlechtesten? Ich sehe nicht ein, warum sich jemand gefallen könne, weil er stärker ist als ein Kränklicher. Es ist ein großer Unterschied zwischen Kraft und guter Gesundheit.

Du hast vielleicht viele Fehler abgelegt. Du bist aufrichtig und redlich, frei von Falschheit und Verstellung; nicht geizig, nicht verschwenderisch, nicht ehrsüchtig. Aber damit hast du nichts gewonnen. Denn die Tugend, nach welcher wir streben, ist etwas herrliches; nicht weil es an sich Seligkeit gewährt, wenn man vom Bösen frei ist, sondern weil sie das Gemüt erweitert, zur Erkenntnis himmlischer Dinge vorbereitet, und uns fähig macht zur Gemeinschaft mit Gott zu gelangen. Dann erst besitzt sie das vollendete Gut, dessen der Mensch fähig ist, wenn sie alles Böse unter die Füße getreten hat, sich höher emporschwingt, und in den Schoß der Natur kommt. Dann verlacht der verklärte Tugendhafte unter den Sternen wandelnd die prächtigen Paläste der Reichen, und die ganze Erde mit ihrem Gold; ich verstehe darunter nicht nur das Gold, welches sie der Münze zu prägen gibt, sondern auch das, was sie im verborgenen für den Geiz der Nachkommen aufbewahrt. Nicht eher kann er jene Hallen und von Elfenbein schimmernden Decken, und hängenden Wälder, und in Häuser geleitete Flüsse verachten, als wenn er auf den engen, größten, teils von dem Meer bedeckten, auch wo er hervorragt, schmutzigen Erdball herabschauend, zu sich spricht: „Ist das der Punkt, worüber die Völker mit Feuer und Schwert kämpfen, um ihn unter sich zu teilen? O wie belachenswert sind die Sterblichen, die um die Grenzen ihrer Länder und um die Teilung ihrer Provinzen streiten!" Wenn jemand den Ameisen Menschenverstand geben könnte, würden nicht auch sie ein einziges Gartenbeet in viele Provinzen teilen? Was für ein Unterschied ist denn zwischen uns und ihnen, als das Maß ihres kleinen Körperchens? Ein Punkt ist es, worin ihr schifft, worin ihr Krieg führt, worin ihr Königreiche stiftet, die doch sehr klein sind, ob sie gleich auch von beiden Seiten von dem großen Weltmeer umgeben werden. Dort oben sind ungeheure Räume, deren Besitz dem Geist vergönnt wird, aber nur alsdann, wenn er sich schon hier auf Erden mit seinen Gedanken höher emporgeschwungen hat; und das ist ein Merkmal seines göttlichen Ursprungs, daß er ein Vergnügen an göttlichen Dingen finden kann. Ohne Furcht und Sorge sieht er alsdann den Auf- und Niedergang der Gestirne, und ihre verschiedenen Bahnen. Er beobachtet, wo jeder Stern den Ländern zuerst aufgeht, wohin sein Lauf gerichtet ist, und wo er niedergeht. Als ein neugieriger Zuschauer stellt er über alle und jede seine Untersuchungen an. Dann verachtet er den engen Raum seines vorigen Wohnplatzes. Denn wie weit sind die äußersten Ufer Spaniens von Indien entfernt? Der Raum zwischen beiden ist so gering, daß man ihn in wenigen Tagen durchschiffen kann, wenn ein Schiff günstigen Wind hat. Aber in jener himmlischen Gegend sind manche Sterne so weit voneinander entfernt, daß man kaum in 30 Jahren von einem zum anderen kommen kann, wenn man auch ihre Zwischenräume mit der größten, immer gleichen Geschwindigkeit durchwandert.

Dort lernt erst der Geist, was er längst zu wissen gewünscht hat; dort fängt er an Gott zu erkennen. Was ist Gott? Wie ist die Natur Gottes von der unsrigen unterschieden? Solche und unzählige andere Fragen, die wir jetzt nicht mit Zuverlässigkeit beantworten können, werden wir dort beantworten lernen. Unsere Zweifel und Irrtümer werden verschwinden. In der Erkenntnis und Verehrung Gottes werden wir unsere größte Seligkeit finden.

Unter die Werke der Vorsehung, die unsere Bewunderung verdienen, gehören die Winde; denn sie sind von verschiedener Beschaffenheit und haben einen mannigfaltigen Nutzen. Sie verhindern die Fäulnis der Luft, und reinigen sie von schädlichen Dünsten, die der Gesundheit der lebendigen Geschöpfe nachteilig sein würden. Sie dienen dazu, daß Regen herbeigeführt oder gehemmt wird; denn bald verursachen sie, daß sich Wolken zusammenziehen, bald zerteilen sie die Wolken, damit der Regen über den ganzen Erdkreis verteilt werden kann. Auch würden die Früchte ohne Luft und Winde nicht gedeihen können. Ja die Vorsehung hat durch sie den Verkehr mit allen Völkern möglich gemacht, und Nationen aus den verschiedensten Ländern miteinander verbunden. Eine große Wohltat der Natur, wenn sie nicht von der Wut der Menschen zu ihrem eigenen Schaden mißbraucht wird! Aber beinahe möchte man sagen, es sei ungewiß, ob die Winde mehr schadeten oder nützten, indem der Nutzen und die Notwendigkeit derselben das Verderben, welches der Unsinn des menschlichen Geschlechts ersonnen hat, kaum vergüten kann. Indessen hört das Gute nicht auf gut zu sein, wenn es durch den Mißbrauch, den die Menschen davon machen, schädlich wird. Die Vorsehung und Gott der Schöpfer der Welt hat nämlich die Winde nicht in der Absicht geschaffen, daß wir Flotten, die einen Teil des Meeres einnehmen, mit bewaffneten Soldaten anfüllen, und einen Feind auf dem Meer und hinter dem Meer aufsuchen sollen. Was für ein Unsinn treibt uns an, einander den Untergang zu bereiten? Wir überlassen die Segel den Winden, um einen Krieg anzufangen, und setzen uns den größten Gefahren aus. Wir versuchen ein ungewisses Glück, die Gewalt der Stürme, die durch keine menschliche Macht überwunden werden kann, einen Tod, ohne Hoffnung eines Begräbnisses. Kaum des Friedens wegen wäre es der Mühe wert, eine solche Schiffahrt anzustellen. Nun aber, nachdem wir so vielen verborgenen Klippen entgangen sind; nachdem wir in Nebel verhüllte Tage, und durch Platzregen und Donner fürchterliche Nächte überstanden, und durch Stürme beschädigte Fahrzeuge gerettet haben, was ist die Frucht dieser Arbeit und Furcht? Welcher Hafen wird uns nach so vielen erduldeten Mühseligkeiten aufnehmen? Ein Krieg, ein Feind, der uns am Ufer entgegenkommt, und die Flamme alter Städte. Warum nötigen wir die Völker, die Waffen zu ergreifen? Warum werben wir Armeen, die sich mitten in den Fluten zur Schlacht rüsten sollen? Warum beunruhigen wir die Meere? Die Erde ist vielleicht nicht groß genug für unsere Todesarten. Die Natur behandelt uns zu zärtlich; sie hat uns zu feste Körper, eine zu glückliche Gesundheit gegeben; wir könnten das Alter und den Tod zu bequem erwarten. Wir wollen uns daher auf die stürmische See wagen, und den weilenden Tod gegen uns herbeirufen. Elende, was sucht ihr? Den Tod, der euch überall finden kann. Er mag euch aus eurem Bett abfordern, wenn er euch nur unschuldig findet; er mag euch in eurem Haus überraschen, wenn ihr nur nichts Böses im Sinn habt. Wie kann man das aber anders als Raserei nennen, wenn man unter den größten Gefahren Unbekannte anfällt. Alles was man antrifft, wenn es gleich nicht schadet, mit Zorn verwüstet, und nach Art wilder Tiere Menschen tötet, die man keine Ursache hat zu hassen?

Die Tiere beißen aus Rache oder aus Hunger; wir aber setzen ohne Schonung unsere eigenen und fremden Blutes die Meere in Bewegung, vertrauen unser Leben den Fluten an, wünschen uns günstigen Wind, der uns das Glück gewährt, daß wir Krieg führen können. Zu welchen Bosheiten haben uns unsere Übel fortgerissen? Ist es zu wenig, nur innerhalb des festen Landes zu wüten? Man könnte daher mit Recht sagen, die Natur hätte uns besser beraten, wenn sie keine Winde hätte entstehen lassen, wenn sie dem Herumschwärmen der Wütenden Einhalt getan, und jedem anbefohlen hätte in seinem Land zu bleiben. Daraus würde wenigstens der Vorteil entspringen, daß jeder nur zu seinem eigenen und der Seinigen Unglück geboren würde; nun aber haben wir nicht nur mit einheimischer, sondern auch mit ausländischer Gewalt zu kämpfen. Kein Land ist so weit entfernt, daß es nicht sein Böses wohin senden könnte. Wie kann ich wissen, ob nicht jetzt ein von Stolz aufgeblasener Beherrscher einer großen Nation heimlich Flotten ausrüstet, um seine Waffen weiter auszubreiten, und etwas zu unternehmen, woran man gar nicht denkt? Wie kann ich wissen, ob mir nicht dieser oder jener Wind einen Krieg herbeiführen werde? Es würde viel zum Frieden der Menschen untereinander beitragen, wenn die Meere verschlossen werden könnten.

Allein wir dürfen uns, wie ich schon gesagt habe, über Gott, unseren Schöpfer nicht beklagen, wenn wir seine Wohltaten verderben, und machen, daß sie uns zum Schaden gereichen. Er hat die Winde gegeben, im Sommer die Luft abzukühlen, und im Winter die Kälte zu mäßigen. Sie werden dadurch nützlich für die Fruchtbarkeit des Erdbodens, daß sie wässerige Dünste und Wolken von einer Gegend der Erde zur anderen führen. Er hat die Winde gegeben, um es uns möglich zu machen, weit entfernte Länder kennenzulernen. Denn der Mensch würde ein unwissendes Geschöpf und ohne große Erfahrung sein, wenn er bloß auf das Land seiner Geburt eingeschränkt wäre. Er hat die Winde gegeben, damit eine jede Gegend der anderen ihr Gutes mitteilen kann, nicht daß sie den Nationen gefährliche Waffen zuführen sollen. Wenn wir die Wohltaten der Natur nach dem Mißbrauch, den die Verdorbenheit der Menschen davon macht, schätzen wollten, so würde nichts sein, was wir nicht zu unserem Schaden bekommen hätten. Nichts ist von so ganz offenbarer Nützlichkeit, daß es nicht durch Schuld der Menschen in das Gegenteil verwandelt würde. So hat auch die Natur die Winde zu unserem Nutzen gegeben; aber wir selbst sind Schuld daran, wenn sie uns schaden.

Wir haben vernommen, daß Pompeji, eine berühmte Stadt in Kampanien durch ein Erdbeben versunken ist, und daß alle umherliegende Gegenden stark dabei gelitten haben, und zwar in Wintertagen, im Monat Februar, wo unsere Vorfahren etwas dergleichen nicht befürchteten.[20] Auch ein Teil der Stadt Herculaneum ist eingestürzt, und was noch übrig geblieben ist, scheint den Einsturz zu drohen. Neapolis[21] hat auch viel, doch nicht an öffentlichen Gebäuden verloren, und nur wenig gelitten. Aber an Anhöhen liegende Vorwerke haben das Erdbeben ohne Beschädigung empfunden. Eine Herde von 600 Schafen ist gestorben, und Bildsäulen sind zerborsten; einige Personen sind wahnsinnig und ihres Verstandes nicht mächtig herumgeirrt.

Das ist allerdings schrecklich. Denn was kann man noch für sicher halten, wenn selbst die Welt erschüttert wird, und ihre festesten Teile wanken? Alles ist bestürzt, wenn die Dächer krachen, und der Einsturz das Zeichen gegeben hat; dann eilt jeder schnell davon, verläßt sein Haus, und sucht seine Zuflucht unter freiem Himmel. Nach welchem Schlupfwinkel, nach welcher Hilfe wollen wir uns aber umsehen, wenn selbst der Erdkreis zusammenzufallen droht; wenn das, worauf Städte gelegen sind, voneinander weicht und taumelt? Welche, ich will nicht sagen Hilfe, sondern welcher Trost bleibt noch übrig, wenn die Furcht nicht einmal gestattet die Flucht zu ergreifen? Was, sage ich, ist befestigt genug? Was stark genug zur Beschützung eines anderen? Einen Feind kann ich von einer Mauer zurücktreiben. An steilen Höhen liegende Festungen werden auch großen Armeen den Zugang schwer machen. Von einem Sturm rettet uns der Seehafen; vor starken und anhaltenden Platzregen schützen uns die Dächer; eine Feuersbrunst verfolgt die Flüchtigen nicht. In Pestzeiten kann man einen anderen Aufenthaltsort suchen. Es ist kein Übel, gegen welches nicht eine Ausflucht möglich wäre. Aber dieses Übel (Erderschütterung) greift am weitesten um sich; man kann es nicht vermeiden, es ist all-

---

[20] Herr Prediger Walther sagt (*Betrachtungen über die Natur etc.*): der Vesuv habe im 79ten Jahre unserer Zeitrechnung, und zwar im Monat August, bei einem schrecklichen Ausbruch drei Städte, Herculaneum, Pompeji und Stabiæ verschüttet. Nach Seneca, welcher im 65sten Jahr unserer Zeitrechnung starb, war aber Pompeji durch ein Erdbeben schon früher versunken.

[21] Neapel.

gemein schädlich. Denn es verschlingt nicht nur Häuser, oder Familien, sondern ganze Nationen; und ganze Landschaften bedeckt es bald mit Ruinen, bald vergräbt es sie in einen tiefen Schlund, und läßt nicht einmal von dem, was nicht mehr ist, so viel zurück, daß man daraus sehen kann, daß es wenigstens da gewesen ist, sondern der Schutt breitet sich über die berühmtesten Städte aus, so daß man keine Spur von ihrer vorigen Beschaffenheit wahrnehmen kann.

Manche halten diese Art des Todes, wo man mit seiner Wohnung in die Tiefe hinabsinkt, und lebendig aus der Zahl der Lebendigen hinweggerissen wird, für äußerst fürchterlich, eben als ob nicht auch jede natürliche Todesart zu dem nämlichen Ziel führe. Die Natur beweist ihre Gerechtigkeit unter anderen vornehmlich auch dadurch, daß wir alle einander gleich sind, wenn es zum Sterben gekommen ist. Es ist gleichviel, ob mich ein Stein zerschmettert, oder ob ich von einem Berg erdrückt werde; ob die Last eines einzigen Hauses auf mich fällt, oder ob der ganze Erdkreis mein Haupt verbirgt; ob ich meinen Geist am Tag und im Freien, oder in dem ungeheuren Schoß sich voneinander spaltender Länder aufgebe; ob ich allein, oder in Begleitung ganzer Völker in die Tiefe hinabsinke. Mir liegt nichts daran, wieviel Geräusch bei meinem Tode gemacht werde; er ist überall derselbe.

Man hat eben keine große Ursache, Erdbeben, Blitze und andere Naturveränderungen, die unseren Tod herbeiführen können, ängstlich zu fürchten. Ein ganz unbedeutend scheinender Zufall, eine Kleinigkeit kann Ursache unseres Todes werden. Ein heftiger Schnupfen, der Schmerz, den der Nagel an einer Fußzehe, oder auch nur ein Ritz daneben verursacht, ein zäher Schleim, ein Trunk, der unglücklicherweise in die Luftröhre kommt, kann das Ende unseres Lebens herbeiführen. Der größte Trost gegen den Tod ist die Sterblichkeit selbst. Notwendig muß man einmal und an irgendeinem Ort sterben, wann und wo es auch sein mag.

Wir müssen daher dem Tod mit einem getrosten Mut entgegensehen, er mag uns nun auf eine gewaltsame oder ganz gewöhnliche Art überfallen; was er von uns verlangt, ist etwas äußerst unbedeutendes, unser Leib. Diesen kann das Alter, ein Ohrenschmerz, eine übermäßig verdorbene Feuchtigkeit, eine dem Magen nicht zuträgliche Speise, oder ein durch einen geringen Anstoß verletzter Fuß hinwegnehmen. Wenn wir daher glückselig sein, wenn wir weder Menschen, noch Dinge außer uns, noch das veränderliche Schicksal fürchten, wenn wir ruhig leben wollen, so müssen wir stets zum Sterben bereit sein. Wir verlieren dadurch nichts. Ein besserer und sicherer Ort erwartet uns. Dort sind keine Erderschütterungen; dort stoßen keine Winde mit von Donner krachenden Wolken aneinander; keine Feuersbrünste verheeren Länder und Städte; keine Kriegsheere rücken einander zum Verderben vieler Tausender entgegen. Waffne dich daher gegen die Furcht des Todes, so stark als es dir immer möglich ist. Sie ist es, die uns niederträchtig macht; sie ist es, die das Leben selbst unruhig macht und verkürzt; sie stellt sich alles, Erdbeben und Blitze ärger vor als es ist. Dies alles werden wir standhaft ertragen, wenn wir bedenken, daß der Unterschied zwischen einer kurzen und langen Zeit nicht groß ist. Stunden sind es, die wir verlieren, laß es Tage, laß es Monate, laß es Jahre sein; wir verlieren sie. Die Zeit verfließt, und verläßt diejenigen, die am begierigsten nach ihr sind. Weder das Künftige, noch das Vergangene steht in meiner Gewalt. Ich hänge an einem Punkt der fliehenden Zeit; und es ist viel, wenn er nur mittelmäßig war. Das wollen wir unserem Gemüt einprägen; oft wollen wir uns sagen: „Ich muß sterben." Wann? Was liegt dir daran? Der Tod ist ein Gesetz der Natur, ein Tribut der Sterblichen, ein Mittel gegen alle Übel. Waffne dich mit aller Sorgfalt gegen die Furcht des Todes; mache dich durch ernstliches Nachdenken vertraut mit ihm, damit du ihm zu allen Zeiten getrost entgegensehen kannst.

Inhalt.

Zu dieser Ausgabe.

Der Text dieses Buches basiert auf folgender Ausgabe:
Lehren der Weisheit nach dem Seneka.
Übers. v. D. Johann Georg Rosenmüller. Leipzig 1816.
.Der Text wurde in die traditionelle deutsche Rechtschreibung übertragen, und zum besseren Verständnis für den heutigen Leser sprachlich bearbeitet.
Überflüssige Fußnoten wurden beseitigt, andere vom Herausgeber hinzugefügt.